Bausteine Gemeindeaufbau, Band 6

Unseren Eltern
mit Dank

Annegret und Detlef Puttkammer

Lauter Lebeworte

Lebensbezogene Bibelarbeit – Grundlagen und Methoden

Aussaat Verlag

ABCteam Bücher erscheinen in folgenden Verlagen:
Aussaat Verlag Neukirchen-Vluyn
R. Brockhaus Verlag Wuppertal und Zürich
Brunnen Verlag Gießen und Basel
Christliches Verlagshaus Stuttgart
Oncken Verlag Wuppertal und Kassel

Titelgestaltung: Hartmut Namislow
Gesamtherstellung: Breklumer Druckerei Manfred Siegel KG
Printed in Germany
ISBN 3-7615-3636-4
Bestell-Nr. 113 636

Inhalt

Zu diesem Buch 9
«Lauter Lebeworte» 15

I. Grundlagen und Ziele lebensbezogener Bibelarbeit 19
Die Dynamik des Wortes 19
Der «Moderne» entgegen 21
1. Das Verständnis der Zeit 22
2. Der im Pluralismus vereinzelte Mensch 23
3. Machbarkeit und Distanz 26
4. Gegenentwürfe – Gegenverhalten 28
Wege der Auslegung und ihre Erträge 30
1. Historisch-kritische Exegese 34
2. Sozialgeschichtliche Auslegung 35
3. Befreiungstheologische Auslegung 36
4. Bibelauslegung von Frauen 37
5. Jüdische Auslegungstraditionen 38
6. Psychologische Auslegung 39
7. Meditativ-spirituelle Zugänge 41
8. Impulse aus der Ökumene 42
Die Erträge integrieren 43
Merkmale und Ziele einer «lebensbezogenen Bibelarbeit» 44
1. gemeinsam 47
2. ganzheitlich 48
3. herrschaftsfrei 49
4. fruchtbar 50
5. verändernd und befreiend 51
6. glaubend 52

7. suchend und erwartungsvoll 53
8. trinitarisch 53
Fazit 54
Exkurs: «Laßt uns ‹bibeln›!» 54

II. Gestaltung und Methoden 56
Das Drei-Phasen-Modell 56
1. «Auf den Bibeltext zugehen» 57
2. «Den Bibeltext kennenlernen» 59
3. «Mit dem Bibeltext weitergehen» 60
Bewährte Methoden 61
1. Begegnen und Öffnen 63
2. Erkunden und Verstehen 66
3. Aneignen und Mitnehmen 77
Weitere Gestaltungsmöglichkeiten 83
1. Bibelteilen 83
2. Psychologische Bibelauslegung in sechs Schritten 85
Raumgestaltung 88
1. Stuhlkreis 88
2. Gestaltete Mitte 89
3. Tischkreis 89
4. Offener Tischkreis 89
Hemmnisse 90
1. «Bei uns reden die Leute nicht!» 90
2. «Einer redet immer . . .» 91
3. «Wir schreiben nicht!» 91
4. «Ich weiß nichts, und ich kann nichts . . .» 92
Hilfen zur Vorbereitung einer Bibelarbeit 93
1. Mein eigener Zugang 93
2. Textanalyse 93
3. Planung der Bibelarbeit 94
Auf dem Weg 94

III. Beispiele aus der Praxis 97
Schnupperkurs Bibel 98

1. Abend: Meine bisherigen Erfahrungen mit der Bibel ... 99
2. Abend: Die Bibel – ein Buch mit einem langen Leben ... 105
3. Abend: Die Bibel – ein Buch, das in Bewegung bringt ... 111
4. Abend: Die Bibel – auch ein schweres Buch ... 115
Entwürfe für Bibelarbeiten mit unterschiedlichen Zugängen und Methoden ... 120
1. «Der gute Hirte» (Joh 10,11) ... 120
2. «Wie eine suchende Frau» (Lk 15,8-10) ... 123
3. «Nimm die Hände aus der Tasche!» (Ps 74) ... 128
4. «Ist Gott ungerecht?» (Mt 20,1-16) ... 131
5. «Aus der Tiefe rufen» (Ps 130) ... 136
6. «Hingeben, um zu gewinnen» (Mk 4,3-9) ... 140
7. «Wie ein Baum am Wasser» (Ps 1) ... 146
8. «Die Jahre fahren dahin» (Ps 90) ... 151
9. «Lauter Lebeworte» (Ps 118) ... 156
10. «Ich glaube an den dreieinigen Gott» (Trinität) 166
11. «Feindliche Übernahme» (Tagesschau und Bibel) 171

Anhang ... 177
Literatur ... 177
Abbildungen ... 185

Zu diesem Buch

«Das Wort Gottes ist da
und ist das einzige,
über das die Tat keine Macht hat.
Das Wort allein besteht.
Es fordert jede Tat heraus
und fürchtet sich nicht;
denn es ist ewig,
unverwundbar und allmächtig.
Das Wort erzwingt sich einen Weg,
wo es ihm gefällt,
und wählt sich Zuhörer,
wie es ihm gefällt,
denn es ist Gottes eigenes Wort.
Die Offenbarung Gottes
geschieht in der Armut des Wortes;
denn Gott will geglaubt sein.
Nicht durch Wunder
will er sich Anerkennung erzwingen,
sondern durch das Wort
will er das Herz treffen
und zu freiem Glauben führen.»

(Dietrich Bonhoeffer, Widerstand und Ergebung, KT 100.
© Chr. Kaiser/Gütersloher Verlagshaus, Gütersloh, 16. Aufl. 1997)

«Lebensbezogene Bibelarbeit» – mit diesem Buch wollen wir ermutigen, der Bibel und dem gemeinsamen Lesen dieses Buches viel zuzutrauen. Wir sind sicher: Unser Gott gebraucht die

Bibel, die Grundurkunde unseres Glaubens, und das vielstimmige Zeugnis derer, die vor uns und mit uns seine Nähe erfahren haben.
Er gebraucht es, um seine Gemeinde zu stärken, zu leiten, zu bauen. Es ist darum wohl angemessen, wenn die Überlegungen zu Grundlagen und Zielen, zu Formen und Methoden lebensbezogener Bibelarbeit in der Reihe «Bausteine Gemeindeaufbau» ihren Platz finden. Um einen Baustein geht es, freilich nicht um den unbedeutendsten.
Von alters her versteht sich die Gemeinde Gottes als aus dem Wort gezeugt, aus dem Wort genährt, durch das Wort geleitet und getragen. So soll sie sein, die Gemeinde: vor dem Wort demütig und durch das Wort widerspenstig (EG 358,2).
Dies ist in der Geschichte der Kirche freilich allzuoft ein indirektes, ein vermitteltes Verhältnis gewesen. Aus dem gepredigten und gesungenen Wort im Gottesdienst, aus dem erklärten und auswendig gelernten Wort im Unterricht, aus dem gemalten und verdichteten Wort der Künstler, aus dem erzählten und in Kinderbibeln anschaulichen Wort in den Familien – aus solchen Quellen speiste sich die Kenntnis der Bibel für viele.
Schon immer war es eher eine kleine Minderheit, die unmittelbar, für sich persönlich oder in Gruppen, die Bibel studierte, deutete, auslegte. So wird der normale Christenmensch bei «Bibelarbeit» vielleicht noch an seine früheren Erfahrungen mit Jugendgruppen denken oder vielleicht sogar an die Zugehörigkeit zu Sondergruppen oder Sekten (die Zeugen Jehovas beanspruchen nicht zufällig den Titel «ernste Bibelforscher» für sich).
Ein wenig verlegen macht es, wenn katholische Gemeindeglieder die Vermutung hegen, die Evangelischen seien «bibelfest», und annehmen, das Lesen der Bibel und der Austausch darüber gehörten zu den Grundmerkmalen unserer gemeindlichen Praxis. Weit gefehlt! Und mit dem Wegbrechen mancher Tradition ist auch ein erheblicher Teil der vermittelten Zugänge noch geringer geworden.

Formulierungen mit biblischem Hintergrund prägen zwar noch die Alltagssprache:
- Jemand wird zum «Sündenbock» gemacht.
- Man wünscht dem Angler «Petri Heil».
- Die Eltern beklagen im Kinderzimmer das «Tohuwabohu«.
- Im Finanzamt wird man frustierend «von Pontius zu Pilatus» geschickt.

Aber wer könnte schon ihre Herkunft erklären, gar sie in den Seiten eines Bibelbuches aufsuchen. Die empirischen Untersuchungen sind eindeutig: Die Bibel ist in vielen Haushalten vorhanden; sie ist erstaunlich hoch angesehen und zugleich erschreckend unbekannt. Die Hinweise auf eine bedauerliche «Bibelnot» ließen sich leicht vermehren.

Aber das ist nicht alles, was zu beobachten ist. Auf der anderen Seite gibt es ein Fragen nach der Bibel, die Bereitschaft, Zeit und Mühe zu investieren, sich diesem Buch ernsthaft zuzuwenden. Man kann bei vielen Menschen geradezu von «Bibelhunger» sprechen. Die Erwartungen sind dabei oft ebenso hoch wie diffus. Gemeinsam ist ihnen, daß Menschen von der Bibel für sich etwas erhoffen und in ihr gute und wegweisende Hilfen für das Verständnis und die Gestaltung ihres Lebens suchen. Das Echo auf die Angebote und Projekte im ökumenischen «Jahr mit der Bibel 1992» hat oft die Erwartungen der Veranstalter ebenso übertroffen wie beschämt.

Klaus Peter Hertzsch, Theologe aus Jena, hat die These aufgestellt: Wer sich der Bibel neu oder erstmals zuwendet, muß dazu eine eigene Motivation mitbringen. Zum Glück wird heute niemand mehr durch Tradition oder sozialen Druck dazu gezwungen. Motiviert werden Leserinnen und Leser der Bibel durch eine Erwartung, die dann in eine doppelte Erfahrung übergehen kann:

«Das erste nenne ich: Wiedererkennen. Was geschehen muß, ist, daß Menschen, die Bibel lesen oder hören, nicht sagen: ‹Das ist interessant! Das habe ich noch gar nicht gewußt, das werde ich mir merken!›, sondern daß sie zuerst sagen: ‹Das ist

wahr! Der dort redet, weiß Bescheid. Der weiß, wie mir zumute ist. Der kennt das Leben, der kennt mein Leben. Der dort Schreibende kennt es in einer Tiefe, in der ich sonst kaum mit anderen mein Leben ins Gespräch bringen kann, wo ich immer nur im Selbstgespräch mit mir selbst bin, bei mir selbst eingeschlossen bin. Plötzlich merke ich, daß hier Texte sind, die mit mir in dieser Tiefe reden und sagen, was du hier erfährst, kennen andere auch, deine Angst, dein Umgetriebensein, deine Sehnsüchte, deine Verzweiflung und deine Hoffnungen.›
Man wird einbezogen in eine große Gemeinschaft. Daß ich dies in Texten erkenne, die meist einer ganz anderen Kultur, einer ganz anderen Zeit angehören und die doch von unserer gemeinsamen Grunderfahrung reden, das macht die Gemeinschaft noch viel tiefer und viel eindrucksvoller. Menschen vor Jahrtausenden und Menschen in anderen Kontinenten sind mit mir im Gespräch, wenn ich diese biblischen Texte höre, lese und mir zu Herzen sprechen lasse. Gemeinschaft entsteht: Ich bin nicht mehr allein.
Wenn dies nicht nur behauptet, sondern erfahren wird, daß hier ein Text wirklich von meinem Leben redet, daß ich mein eigenes Leben wiedererkenne, dann hat sich die Frage ganz von selber beantwortet, warum ich diesen Text verstehen soll. Dann ist das andere möglich, aber ich denke, erst dann, das andere, das ich ‹Horizontöffnung› nennen möchte, die Erfahrung nämlich, daß das in diesem Bibeltext wiedererkannte Leben doch ganz anders aussieht, daß es in einem neuen Licht erscheint, in einem größeren Zusammenhang, in einem ganz neuen, weiteren Horizont, mit einem Ursprung, mit einem Ziel, das ich bisher so noch nicht kannte. Ich erkenne mein eigenes, oft verworrenes, umgetriebenes, schwer zu bewältigendes Leben, ich erkenne es zugleich in einem neuen Licht, in einem größeren Horizont – eine befreiende Erfahrung, von der ich nicht sage, daß sie auch der Mensch heute braucht, sondern von der ich sage, daß gerade wir Menschen von heute sie brauchen» (Hertzsch 1991, S. 5f).

Was Hertzsch für eher distanzierte Zeitgenossinnen und -genossen beschrieben hat, dazu auf dem Hintergrund der Erfahrungen in der DDR, gilt ebenso für viele Menschen, die der Kirche verbunden sind und dem Glauben mindestens nahestehen. Auch sie machen in der direkten Begegnung mit der Bibel solche Erfahrungen, die sie oft zutiefst anrühren. Sie entdecken sich und ihr Leben in die Bibel «hineinverwickelt». Aus solcher Betroffenheit kann ein ganz neuer, vertiefter und persönlicher Zugang zu dem Gott entstehen, von dem die Bibel erzählt. Und: die Verbindung zu den Menschen, die mit ihnen den gleichen Weg gegangen sind, gewinnt eine neue Qualität. Man kann jahrelang dieselben Gottesdienste besuchen, ohne etwas voneinander zu wissen – und sich dann im gemeinsamen Entdecken und Einander-Mitteilen einer Bibelarbeit in einer Tiefe begegnen, die bleibende Gemeinschaft nach sich zieht.
Auf diese Weise wird Bibelarbeit zum Baustein des Gemeindeaufbaus:

- Sie verbindet Individuen und läßt sie einander als Glieder eines Leibes erkennen.
- Sie gibt den Erfahrungen des Lebens und Glaubens eine Sprache und macht sie aussag- und mitteilbar.
- Sie ermutigt, dem Zuspruch des Evangeliums zu vertrauen und sich dem Anspruch des Evangeliums nicht zu entziehen.
- Sie hilft, bei sich selbst oft überraschende Kompetenz des Verstehens zu entdecken und verstärkt so das Zutrauen in die von Gott geschenkten Gaben.
- In den alten Worten der Bibel begegnet den Suchenden und Hörenden der gegenwärtige Herr der Kirche, Jesus Christus. Er ist das fleischgewordene Wort Gottes, sein Geist erfüllt die Buchstaben mit Leben.

Damit steht Bibelarbeit in der Kontinuität der Verheißungslinien, die der Kirche Jesu Christi gegeben sind. Burghard Krause hat sie in seinen Überlegungen zum Gemeindeaufbau in vier Sätzen zusammengefaßt (1990, S. 208):

- «Gott handelt durch Jesus Christus in der Kraft seines Geistes an Menschen und befreit sie zu ihrer persönlichen Antwort des Glaubens auf sein Wort.
- Diese Menschen gewinnen Anteil am Leib Christi in einer den Glauben vertiefenden und gestaltenden Gemeinschaft mit anderen Christen.
- Sie entdecken dabei die Gaben, die Gott ihnen schenkt, nehmen sie an, entfalten sie und üben sich darin ein, sie zur Ehre Gottes auszuleben.
- Sie wenden ihre Gaben an, indem sie als werbende Wahrheitszeugen für das Evangelium am diakonisch-missionarischen Dienst der Gemeinde teilnehmen.»

Wichtiger als alles, was wir dabei denken, wollen oder tun ist freilich, daß Gott zum Zuge kommen kann. Christian Möller hat es im Blick auf den Gemeindeaufbau immer wieder betont: «Es kommt darauf an, sich von Gott dienen zu lassen und seinen Dienst zu empfangen, und zwar so hingebungsvoll, daß ich dann gar nicht mehr anders kann, als mich von ihm der Gemeinde als dem Leib Christi einfügen zu lassen und hier ein tätiges Glied an seinem Leib zu werden. Je weniger ich dazu mit Appellen gedrängt werde und mit Plänen programmiert werde, je mehr ich statt dessen in der Anbetung und im Lobpreis Gottes Nähe empfange, desto eher und desto tiefer werde ich zu einem Teil des Gemeindeaufbaus» (1990, S. 215). Das ist ein Gemeindeaufbau, den Gott selber vollzieht, an uns, aber nicht ohne uns, in aller Freiheit und doch gebunden an sein Wort. Mit unseren Überlegungen zu Grundlagen und Zielen lebensbezogener Bibelarbeit wollen wir diese Intentionen unterstreichen, eine erwartungsvolle Haltung begründen. Wir möchten dazu verlocken, sich gemeinsam mit anderen auf den Weg zu machen, um die Lebensspuren der Bibel zu entdecken und aufzunehmen. Die Ausführungen zu Form und Methoden der Bibelarbeit sollen zeigen, wie die Anliegen Gestalt gewinnen können. Die Beispiele des dritten Teils sollen zu einer eigenen Praxis Hilfen und Ideen geben und den Start erleichtern.

Es ist unsere Erfahrung, daß im Miteinanderteilen der Bibel und der Lebenserfahrungen ein Reichtum geschenkt wird, der über den Tag hinaus seine Wirkungen behält.
Es ist unsere Hoffnung, daß aus einer intensiven Praxis lebensbezogener Bibelarbeit die Gemeinde Christi in unserem Land an Selbstbewußtsein und Sendungsbewußtsein zunimmt, daß sie gesalzen und erleuchtet zunehmend auch «Salz der Erde» und «Licht der Welt» sein kann.

«Lauter Lebeworte»

Man schreibt den Sommer 1530. Auf der Veste Coburg, dem südlichsten sicheren Ort im Kurfürstentum Sachsen, lebt für sechs Monate ein geächteter Mann. Er hat sich, um möglichst unerkannt zu bleiben, sogar einen Bart wachsen lassen, so wie damals vor neun Jahren auf der Wartburg. Seit 1521 ist er in der Reichsacht – vogelfrei und ausgeliefert. Und bis zu seinem Tod 1546 wird er auf Schutz angewiesen bleiben: Martin Luther.
Er konnte selbstverständlich nicht mit der kursächsischen Delegation zum Reichstag nach Augsburg weiterreisen. Das wäre zu gefährlich gewesen. Dort steht nun die Sache der Evangelischen zur Entscheidung an. Luther wartet, fernab vom Geschehen, angespannt auf die jeweils neuesten Nachrichten. Der reitende Bote kann sie ihm nur mit einigen Tagen Verspätung bringen.
In der erzwungenen Einsamkeit, «in der Wüste», wie er es empfindet, drängt sich der Bedrängte an das Wort der Bibel, sucht er in ihr Zuflucht und Bewahrung.

«Mein Psalm, den ich liebhabe»

Kein Wunder, daß er die Heilige Schrift dort aufschlägt, wo sie sich für ihn schon früher bewährt hat. Er studiert ganz neu die vertrauten Worte seines geliebten 118. Psalms. Er betet sie und bettet sich in sie. So bedenkt er sie und schreibt das Bedachte nieder. Eine der persönlichsten Schriften Martin Luthers entsteht: «Das schöne Confitemini», benannt nach dem lateinischen Anfangswort des 118. Psalms. Luther übersetzt: «Danket dem Herrn; denn er ist freundlich, und seine Güte währet ewiglich.»

Luther ergreift die Worte des alten Gebets, hält fest am Gelesenen, am Verstandenen, am Bewährten. Er schreibt es sich in Herz und Hirn, schreibt es buchstäblich mit Kreide an die Wand und sich so beständig vor Augen: «Ich werde nicht sterben, sondern leben und des Herrn Werke verkündigen.»

Im Widmungsschreiben zum «Schönen Confitemini» heißt es (WA 31/1; Seite 65f; in diesem Buch abgedruckt auf Seite 162f): «Denn es ist mein Psalm, den ich liebhabe. Obwohl der ganze Psalter und die Heilige Schrift im Ganzen – die mein einziger Lebenstrost ist – mir auch lieb sind, bin ich doch besonders an diesen Psalm geraten, daß er der meine heißen und sein muß. Denn er hat sich auch gar oft redlich um mich verdient gemacht und mir aus manchen großen Nöten geholfen, wo mir kein Kaiser und keine Könige, Weisen, Klugen und Heiligen hätten helfen können.»

Verdichtetes Leben

Die alten Worte des Gebets aus Israels Gottesdiensten sind über die Jahrhunderte lebendig geblieben. Sie sind nicht Schmuckworte, sondern Gebrauchstexte. Mit der prägenden Kraft seiner Sprache hat Luther sie für uns einfühlsam erschlossen. Zum Psalter und zur ganzen Bibel schreibt er weiter: «Es sind ja doch nicht Leseworte, sondern lauter Lebeworte darin, die nicht zum Spekulieren und zu hohen Betrachtungen, sondern zum Leben und Tun hergesetzt sind.»

In seiner zweiten Vorrede auf den Psalter (1528) lobt Luther den Lebensbezug des Psalters. Seine Worte sind in großer Freude und aus tiefer Not entstanden. So sind sie ein «ernstlich Reden in allerlei Sturmwinden . . . Daher kommt's auch, daß der Psalter aller Heiligen Büchlein ist, und ein jeglicher, in wel-

cherlei Sache er ist, Psalmen und Worte darin findet, die sich auf seine Sache reimen und ihm so eben sind, als wären sie allein um seinetwillen also gesetzt, daß er sie auch selbst nicht besser setzen noch finden kann, noch wünschen mag» (Bornkamm, Luthers Vorreden S. 64 ff).
Was hier von den Psalmen gesagt wird, gilt allgemein für die ganze Heilige Schrift. Sie verleiht unserer Sprachlosigkeit Worte. Sie spricht aus, was in uns sonst stumm bleiben müßte. Aber mehr noch: Sie spricht zu, was wir uns selbst nicht sagen können. So legt die Bibel einen tragfähigen Grund der Hoffnung, bezeugt die Nähe Gottes, der liebevoll immer und überall für seine Menschen da sein will.
Wir finden uns in ihr wieder, entdecken Bekanntes und Vertrautes, sagen: «Ja, so ist es.» Wir finden aber auch Überraschendes, uns noch Unvertrautes, lesen erstaunlich Neues und oft herausfordernd Widerborstiges, sind eingeladen, den alten Worten in eine spannende Zukunft zu folgen. So sind wir ermutigt, uns den Schatz der Schrift zu eigen zu machen. Wir werden von ihm zehren – ohne daß er sich verzehrt. Wir dürfen ihn teilen – und im Teilen wird er nur noch größer. Noch einmal Martin Luther zu «seinem Psalm»:
«Und wollte Gott, daß alle Welt den Psalm so als ihr Eigentum anspräche wie ich! Es gibt leider nur wenige (auch unter denen, die es eigentlich den anderen darin zuvortun sollten), die zur Heiligen Schrift oder zu einem einzigen Psalm ihr Leben lang einmal von Herzen sagen: Du bist mein liebes Buch, oder: Du sollst mein eigenes Psälmlein sein.»

Zum Leben gesetzt
«Lauter Lebeworte» – so beschreibt Luther prägnant das Wesen der Heiligen Schrift. Vordergründig sind es «nur Wörter», geschrieben auf geduldiges Papier. Aber sie nehmen Lebenserfahrungen auf, berühren Lebenssituationen, eröffnen neue Lebensperspektiven. Aus den Worten und Taten des lebendigen Gottes und seinen Spuren im Schicksal von lebendigen

Frauen und Männern ist das Bibelbuch entstanden. Im Leben vieler hat es sich in den Jahrhunderten bewährt, und für alle kann es immer und überall Lebensbuch sein.

I. Grundlagen und Ziele lebensbezogener Bibelarbeit

Die Dynamik des Wortes

In der Bibel selbst lassen sich bezeichnende Aussagen und Bilder für die dem Wort Gottes innewohnende und so auch das Bibelbuch prägende Dynamik, Relevanz und Lebendigkeit finden.

Einige von ihnen zeigen überdeutlich die *Kraft des Wortes*, das sich in Auseinandersetzung bewährt. Es sind geradezu kämpferische und wilde Bilder:

- ein Wort «wie Feuer», verzehrend und verschlingend (Jer 5,14; 23,29);
- ein Wort «wie ein Hammer», widerstrebende Felsen zerschmeißend (Jer 23,29);
- ein Wort «wie ein Schwert», scharf und durchdringend (Hebr 4,12), eine wirksame Waffe (Eph 6,17).

Andere Stellen betonen die *Helligkeit des Wortes*. Es leuchtet aus sich heraus und wird Licht für den Weg, Licht in der Nacht (Ps 119,105) und der Vorschein des neuen Tages (2. Petr 1,19).

Das Wort wird auch mit der Vorstellung vom *Nähren und Stärken* verbunden:

- Es wird dem Propheten «zur Speise» (Jer 15,16).
- Hunger und Durst nach dem Wort quälen; wer es nicht findet, verschmachtet jämmerlich (Am 8,11f).
- Es ist noch lebensnotwendiger als das tägliche Brot (5. Mose 8,3; Mt 4,4).
- Den Liebhabern des Wortes wird es süß und köstlich; es geht ihnen ein wie Honig (Ps 119,103).

- Für die glaubende Gemeinde ist es lebenserhaltend und aufbauend wie die Muttermilch für den Säugling (Hebr 5,12).

Die Bilder verdichten, was die Begriffe benennen: Es ist ein Wort voller Wahrheit und Weisheit. Es wird den Menschen wirksam begegnen, es geschieht. Es eröffnet eine Geschichte von Segen und Fluch. Israel wird eingeschärft: Die Weisungen und Verheißungen Gottes sind «nicht ein leeres Wort an euch, sondern es ist euer Leben» (5. Mose 32,47).

Wer aus dem Wort lebt, wird mit Lebenskraft gesegnet. Er ist wie ein Baum, am Wasser gepflanzt, der jeder Dürre trotzt (Psalm 1).

Auch in dunklen und scheinbar aussichtslosen Zeiten hat Israel diese Hoffnung nicht aufgegeben: das Wort Gottes wird immer neu ausgesandt und immer wieder wirksam – es tut, was es sagt. Dem wunderbaren Handeln Gottes entspricht die Kraft seines Wortes: Es wird nicht leer zurückkommen (Jes 55,10f).

In dieser Tradition steht auch das Neue Testament. Die Christengemeinde vertraute darauf, daß den Worten ihres Herrn eine Keimkraft gegeben ist, die sich unwiderstehlich Raum schafft. Das Wort ist wie ein Same, klein und gefährdet. Und doch wird es überleben, wird Wurzeln schlagen und viele Früchte bringen (Lk 8,4ff). Wer sich den Worten Christi anvertraut und nach ihnen handelt, hat ein sicheres Fundament gefunden (Mt 7,24ff).

Wer den Bildern für das Wort Gottes nachspürt, sie bedenkt und bewegt, wird ahnen, welche Erwartung sich mit ihnen verbindet. Sie gehört zu jeder Form des Bibellesens, die nicht in fruchtloser Distanz verharren will. Wir erwarten, daß uns, in unserer Zeit, für unsere Fragen die Worte dieses alten Buches zu Lebensworten werden, daß aus ihnen Gott selbst zu uns spricht, daß sie, von seinem Geist gebraucht, zur Anrede an uns werden, uns treffen und verändern. Wer so liest, liest mit Lust und Liebe, entwickelt Leidenschaft und Ausdauer.

Der «Moderne» entgegen

«Die Bibel – die ist dick, alt und heilig», so ein Konfirmand. Was er meint: Die Bibel ist nach Sprache und Umfang mühsam zu lesen und schon dadurch unzeitgemäß, in ihren Themen ist sie «mega-out», und «heilig» steht für «dem wirklichen Leben fremd».

Was der Konfirmand geradezu klassisch formuliert, beschreibt prägnant die Schwierigkeiten, die Menschen der Gegenwart mit der Bibel haben. Aber auch umgekehrt: Die Bibel steht in erheblicher Spannung zu dem Welt- und Menschenverständnis, zu der Lebenswirklichkeit, die wir heute «Moderne» oder modisch «Postmoderne» nennen.

Christian Grethlein hat 1996 in Anlehnung an Franz Xaver Kaufmann (1989, S. 210) zum Verhältnis zwischen Moderne und Bibel als Thesen formuliert:

- Es ist schwierig, in der modernen Kultur in Kontakt mit der Bibel zu kommen.
- Es ist schwierig, unter den Prämissen dieser Kultur mit der Bibel zu leben und ihr entsprechend zu handeln.
- Wenn denn einer dies tatsächlich versucht, wird er selber schwierig für seine Umgebung.

Diese Thesen setzen eine tiefgreifende Differenz zwischen den beiden Größen «Bibel» und «Moderne» voraus. Die Grundlagen der Wirklichkeitswahrnehmung und -deutung sind nicht in Übereinstimmung zu bringen. Wer sich diesen Schwierigkeiten nicht entzieht, sondern als Zeitgenosse zugleich Bibelleser sein will, wird für sich die damit verbundenen Spannungen tragen und ertragen müssen. Aber, wer weiß, vielleicht entpuppen sie sich ja als fruchtbare Spannung.

Der Aphoristiker Georg Christoph Lichtenberg hat einmal die spöttische Frage gestellt: «Wenn ein Buch und ein Kopf zusammenstoßen und es klingt hohl – wer sagt, daß dann immer das Buch daran schuld ist?» Die Texte der Bibel sind freilich nicht eben dazu angetan, die Plausibilitäten und Selbstverständlichkeiten unseres Denkens einfach nur zu bestätigen. Sie erweisen sich als sperrig und widerspenstig, stellen Fragloses ungeniert in Frage und sind so eine echte In-Frage-Stellung unserer Vor-Urteile. An drei Beispielen soll dies verdeutlicht werden:

1. Das Verständnis der Zeit

Das Verständnis der Zeit ist typisch für das Verständnis des Lebens. Die «Moderne» betont die Gleichartigkeit der Zeit. Sie ist linear und auf Nanosekunden genau meßbar. Dank der Funkübertragung steht uns die «genaue Zeit» jederzeit zur Verfügung. Das sympathische Tick-Tack einer Standuhr, die womöglich täglich von Hand nachreguliert werden muß, ist vielleicht heimelig, aber letzlich anachronistisch. Solche Ungenauigkeiten können wir uns nicht leisten. Denn, wie jeder weiß: Zeit ist knapp und kostbar. «Time is money» – neben dem Geld ist Zeit der wichtigste Rohstoff des Spätkapitalismus. Daher müssen die Uhren an den Schaltstellen der Macht, in den Kontrollräumen von Industriebetrieben, im Bildhintergrund der Fernsehnachrichten allgegenwärtig sein und bleiben – am Handgelenk getragen, werden sie geradezu zum Körperteil.

Im Selbstverständnis der meisten Zeitgenossen gilt es als unhinterfragbarer Konsens: Wir haben keine Zeit – oder: Die Zeit läuft uns davon. Und das, obwohl doch für jeden von uns, egal ob für den umtriebigen Manager oder den Langzeitarbeitslosen, ob für alt oder jung, für arm oder reich, jeder Tag dieselbe Länge hat. Auch scheint es keine Rolle zu spielen, daß die Lebenserwartung von einer Generation zur anderen kontinuierlich und in den letzten Jahrzehnten geradezu sprunghaft zugenommen hat. Objektiv haben wir mehr Zeit, auch weil wir für die Verrichtungen des täglichen Lebens weniger Zeit brauchen!

Daraus resultiert eine gesteigerte Schnellebigkeit: Was heute aktuell ist, ist morgen schon von gestern. Jeder Computerkäufer kann das leidvoll bestätigen.

Ganz anders ist das Zeitverständnis der Bibel. Das hebräische

«et» bzw. das griechische «kairos» bezeichnen die dem Menschen von Gott gegebene, ihm anvertraute Zeit, die es zu nutzen und nicht zu verpassen gilt. Sie ist der Verfügung des Menschen entzogen, ihm gleichzeitig jedoch geschenkt. Die Bibel interessiert sich viel mehr für die Qualität der Zeit als für die Quantität. So setzt sie dem Bemühen um Beschleunigung (je schneller, je besser) das Bemühen um sinnvollen Gebrauch und kluge Beurteilung der Zeit entgegen (Lk 12,54-56). «Alles hat seine Zeit», so erinnert die Weisheit des Predigers (3,1ff) uns daran, daß wir die Zeit nicht zu machen brauchen, sie aber gestalten dürfen.
Und mit großer Gelassenheit rechnen die Menschen der Bibel mit dem Ende unserer Lebenszeit als dem Eintritt in die neue Wirklichkeit Gottes, die jenseits der vergänglichen Zeit auf uns wartet: «Du nimmst mich am Ende mit Ehren an» (Ps 73,24). Dieser Spitzensatz des alttestamentlichen Glaubens bettet unsere Zeit in die erhoffte Zukunft Gottes. So kann die Bibel uns Rastlosen die «Ruhe» als endzeitliche Gottesgabe preisen (Hebr 4). Dieses Zeitverständnis schafft die Voraussetzung dafür, daß man sich in Gelassenheit Zeit nehmen kann für das, was zählt und bleibt: für den Dienst am Nächsten oder die Freude an der Schöpfung, für das Gespräch miteinander und das zweckfreie Spiel, und eben auch für das Bibellesen. Denn auch dazu gehört, daß man sich Zeit nimmt, viel Zeit, erlebte, genutzte, gefüllte Zeit. So erinnern die Psalmbeter an das Murmeln über dem Gesetz Tag und Nacht (Ps 1) und an den Segen, der damit verbunden ist. Glücklich zu preisen ist, wer sich dafür Zeit nimmt, nehmen kann, weil sie ihm so nicht verrinnt, sondern fruchtbar wird.

2. Der im Pluralismus vereinzelte Mensch

«Anything goes» – alle Wahlmöglichkeiten stehen offen. Nicht Tradition und Konsens einer Gemeinschaft, sondern die individuelle Entscheidung der/des einzelnen prägen das Leben. Der moderne Mensch darf und muß auswählen.

Das fängt bei den 32 Sorten Speiseeis an, zwischen denen zu entscheiden schon ein Kleinkind lernt, lernen muß, denn: einfach «Eis» gibt es nicht. Und es geht weiter bei der Wahl der richtigen Kleidung, der Schule, des Berufes (obwohl: wir werden ihn im Lauf des Lebens wohl noch ein paarmal wechseln), des Partners (vielleicht doch für länger als nur für einen Lebensabschnitt?). Dabei tragen wir alle Risiken, versteht sich. So wird Entscheidungsfreiheit schnell zum Gestaltungszwang, verbunden mit der unsicheren Frage des in seiner Entscheidung allein Gelassenen: «Hätte ich nicht doch besser das andere . . .?» So mutiert die Freiheit zur Unsicherheit und treibt in den Zweifel. Ulrich Beck hat in seinem Buch «Die Risikogesellschaft» (1986) die Mechanismen der modernen Gesellschaft beschrieben. Der Erfolg seines Buches signalisiert, daß seine Beschreibung und das Selbstempfinden vieler Menschen übereinstimmen. Nach Beck werden wir auf dem Hintergrund eines hohen materiellen Lebensstandards und weitreichender sozialer Sicherheiten aus dem bisherigen Gefüge traditioneller Klassenbedingungen und der familiären Versorgungsbezüge herausgelöst. Statt dessen ist jeder auf sich selbst und sein individuelles (Arbeitsmarkt-) Schicksal verwiesen. Dies eröffnet Chancen, zugleich aber auch Risiken und Widersprüche. Der «Individualisierungsschub» nötigt zum Gestalten, geradezu zum «Basteln» der eigenen Biographie. Subjekt des Lebens ist der Single, nicht mehr durch Familie oder Ehe gebunden. Alle Lebensentscheidungen sind prinzipiell widerrufbar. Pflichten bestehen höchstens sich selbst gegenüber. «Was bringt mir das?» wird zur Leitfrage des Handelns. Institutionen und überkommene Gewohnheiten sind dabei entwertet und haben ihre Legitimation verloren. Das gilt für Kirchen wie für Parteien und auch für den Sportverein. Die «Patchworkidentität» steht am Ende der Entwicklung. Die Fragen nach dem «Woher» und «Wozu», dem Sinn und Ziel des Lebens lösen sich in einem diffusen Flickenteppich von nur momentan gültigen Gedankensplittern auf.

Haben frühere Generationen unter dem Druck von Konvention, von «Moral» und (Anstands-)Regeln gelitten, so leidet die heutige unter Orientierungslosigkeit.
Das Gegenbild der Bibel besagt: Der Mensch als Gemeinschaftswesen ist eng bezogen auf seine Zugehörigkeit zu Familie und Sippe, zu politischer und Glaubensgemeinschaft. Er ist eingebunden in prägende Überlieferungen, nimmt teil an der Gegenwart anderer und verantwortet mit ihnen die gemeinsame Zukunft. Nach dem Zeugnis des Alten Testaments ist das Gegenüber Gottes nicht so sehr der einzelne Mensch, sondern das Gottesvolk. Im Neuen Testament ist es die versammelte Gemeinde, der untrennbare Leib Christi. Im gemeinsamen Hören, im Bedenken des Gehörten und im gehorsamen Tun bewährt sich dann der Glaube. Paulus ermutigt die Christen in Rom und anderswo: «Und stellt euch nicht dieser Welt gleich, sondern ändert euch durch Erneuerung eures Sinnes, damit ihr prüfen könnt, was Gottes Wille ist, nämlich das Gute und Wohlgefällige und Vollkommene» (Röm 12,2).
Manche Anzeichen deuten darauf hin, daß die «postmoderne Beliebigkeit» an ihre Grenzen kommt. Zunehmend spüren Menschen, daß sie damit überfordert sind, alleine und letztlich allein gelassen ihr Leben zu gestalten. Sie fragen nach Orientierung und suchen gemeinschaftsfähige Antworten für ihr Leben. Klaus Peter Hertzsch hat schon in den frühen 80er Jahren diese Entwicklung beschrieben. Er weißt darauf hin, daß die Bibel nicht zufällig heute auch bei Nichtchristen oder Nichtgemeindegliedern als «großes, weises Menschheitsbuch» gesehen wird. «Dort wo Menschen den Eindruck haben, daß die Grundfragen neu durchzudenken und die Grundsätze unseres Denkens neu zu überprüfen sind, dort legt es sich nahe, daß auch wieder auf die Genesis und auf das Urevangelium und auf die Predigt Jesu zurückgefragt wird als einen Besitz der Menschheit. Wir stehen etwa vor den Problemen einer Welt, die nicht mehr weiß, wie lange ihre Reichtümer noch ausreichen werden und wie weit die Normen unter den Völkern,

nach denen wir bisher leben, uns die Zukunft erhalten werden. Der österreichische Zukunftsforscher Robert Jungk schreibt deswegen ganz folgerichtig: ‹Wenn an irgendeiner Stelle die Normen für eine gute Zukunft verkündet werden, dann in der Schrift, deren wichtigste Botschaft seit langem gerade jene Werte verkündet hat, die heute als richtunggebend für das Überleben des Menschengeschlechtes angesehen werden, Liebe und Selbstbescheidung.› . . . Freilich ist für eine solche Sicht ein bestimmtes Problembewußtsein erforderlich. Da, wo man die Menschheit am Scheideweg sieht, vor der Notwendigkeit, die Dinge neu, elementar neu zu bedenken oder auch elementar nachzudenken, überall da, scheint mir, entsteht ein neues Interesse an der Bibel. Man entdeckt einen Verbündeten in der Menschheitsgeschichte, der das sagt, was uns heute erst langsam wieder klar wird, dringend gebrauchte Einsicht in einer Zeit, die viel technischen Sachverstand hat, aber einen großen Mangel an Weisheit; dringend gebrauchte Einsichten, die nicht durch unser angestrengtes Nachdenken, sondern durch den Wandel der Zeiten, durch die neue Situation plötzlich wieder einsichtig werden. Damit aber, habe ich den Eindruck, kehrt sich unser Thema um. Bei genauem Zusehen geht es gar nicht mehr um die Chancen der Bibel in der säkularen Gesellschaft, also in der heutigen Welt, sondern bei genauem Zusehen geht es um die Chancen der heutigen Welt und um das, was die Bibel dazu sagt.» (Hertzsch, 1983, S. 283f)

3. Machbarkeit und Distanz

Die «Moderne» hat die Welt entzaubert: erst hinter die Kulissen geblickt und dann gelernt, an allen Fäden zu ziehen. Die Weiten des Weltraumes und die Rätsel der Zell- und der Atomkerne wurden erobert und nutzbar gemacht. Immer neue Entdeckungen und Manipulationsmöglichkeiten wecken die Phantasie von Wissenschaftlern und Geschäftemachern. Warum nicht die Gene von unterschiedlichen Tieren mixen? Mal sehen, was dabei heraus kommt. Warum sollen nur Frauen Kin-

der bekommen, die Geburt des ersten Babys (per Kaiserschnitt) aus dem Bauch eines Mannes, nur eine Frage der Zeit?! Die Zeitungsmeldungen von gestern und von heute signalisieren für morgen unbegrenzte Möglichkeiten. Und was möglich ist, muß auch gemacht werden. Zögert der eine Forscher, wird ihm ein anderer ohne Bedenken zuvorkommen. Es geht schließlich um Patente, um Rechte, um Marktanteile, um Geld, viel Geld. Wo sich (noch) Viren oder andere Naturgewalten, etwa Meeresströmungen oder Lawinen dem forschenden Hirn und dem planenden Handeln entziehen, erlebt das der moderne Mensch geradezu als narzisstische Kränkung. Wir sähen uns gerne als Herren der Natur: sie uns zu Füßen, wir unbesiegbar und souverän.
Wie sehr muß uns da die Stimme der Bibel fremd klingen, ihr Reden von der Geschöpflichkeit des Menschen, von Verantwortung und Grenzen.
Unser Umgang mit Krankheit und Tod zeigt beispielhaft, wie die wissenschaftliche Entwicklung unser Leben prägt. Die naturwissenschaftliche und ökonomische Ausrichtung der Medizin verlagert Krankheit und Sterben in spezielle Einrichtungen, verdrängt und tabuisiert sie. «Diese Ausgliederung von Krankheit und Tod aus dem Alltag führt dazu, daß dem Großteil unserer Bevölkerung bestimmte elementare Erfahrungen fehlen, und zwar elementare Erfahrungen, die in der Bibel eine große Rolle spielen, etwa das Pflegen eines Angehörigen oder das Begleiten von Sterbenden» (Grethlein 1996, S. 7).
Damit sind uns wesentliche Parameter menschlicher Existenz verloren gegangen, die Erkenntnis der eigenen Endlichkeit etwa (Ps 90,12) oder das Staunen über die Unverfügbarkeit unserer Entstehung und unserer Zukunft (Ps 139,13-18).
Selbst die Theologie als Wissenschaft von Gott ist wesentlich durch das distanzierte Wissenschaftsverständnis geprägt. Franz Xaver Kaufmann hat die Entwicklung scharf diagnostiziert: von der «Rede mit Gott» über die «Rede über Gott» zur «Rede über die Rede von Gott» bis zur «Rede über Religion» und schließ-

lich die «Rede über die Rede von Religion» (so Grethlein 1996, S. 7).
Wie anders und erfrischend direkt sind die lebensprallen Bilder und Geschichten der Bibel und die persönliche «Kommunikationsform», die wir in ihr und von ihr lernen können, wenn es zum Beispiel im zentralen Vers des 23. Psalms heißt: «Denn du bist bei mir.» Mit solchen Worten, die Lebenserfahrung verdichten und neue Erfahrung eröffnen, kann man leben und leiden, hoffen und sterben. Sie sind direkt und tragfähig.

4. Gegenentwürfe – Gegenverhalten

Horst Klaus Berg hat in Aufnahme von Einsichten Ingo Baldermanns versucht, aus den biblischen Texten selbst die Orte und Sprachformen abzuleiten, in denen elementare Verdichtungen von Glaubenserfahrungen und -traditionen sichtbar werden (1993, S. 76ff). Sie geben zugleich relevante Themen an, die die Erwartung stützen, daß die Bibel der heutigen Welt Chancen eröffnet, sich also nicht mühsam rechtfertigen muß, sondern selbstbewußt das Ihre ins Gespräch bringen kann.
Berg nennt solche «Grundbescheide»:

- Gott schenkt Leben (Schöpfung)
- Gott stiftet Gemeinschaft (Liebe, Partnerschaft, Bund, Ökumene)
- Gott leidet mit und an seinem Volk (Leiden und Leidenschaft)
- Gott befreit die Unterdrückten (Befreiung)
- Gott gibt seinen Geist (Heiliger Geist und Begeisterung)
- Gott herrscht in Ewigkeit (Gottesherrschaft, Schalom)

Damit spricht die Bibel mit einer eigenen Stimme zu Fragen, die uns heutige Menschen berühren. In den unterschiedlichen Überlieferungen der Bibel wurden ja immer schon grundlegende Erkenntnisse der bisherigen Gottesbegegnung aufgenommen und in ihrer Zeit neu ausgeprägt; sie mußten sich an den speziellen Herausforderungen der jeweiligen Gegenwart bewähren. So wurden sie zum Fundament zukünftiger Lebensgestaltung. Dabei entwickelten und entwickeln die alten Texte immer wieder ein kritisches Potential. Sie decken «selbstverständlich gewordene und von vielen akzeptierte Verhaltensweisen und Verhältnisse als Verfehlung der von Gott für alle gedachten und allen zugeeigneten Lebensmöglichkeiten auf» (Berg, 1993, S.91).

In ihren Themen und Inhalten beschreibt die Bibel faszinierende Entwürfe für ein gelingendes Leben. Damit konterkariert sie die «Dogmen» der «Moderne». Sie stellt «Gegen-Welten» vor Augen, die mehr sind als ein Ideal oder eine Forderung. Sie erinnert an Beispiele und Anfänge eines Lebens, das verfestigte Lebenspraktiken in Frage stellt und für neue Erfahrungen offen ist.

Sie erzählt z.B. von Ruth, der Frau aus dem heidnischen Moabiterland, die nicht in den Schutz der eigenen Sippe zurückkehrt, obwohl sie verwitwet ist. Denn, wenn sie zurückkehren würde, müßte sie die alte Schwiegermutter Noemi ihrem ungewissen Schicksal überlassen. Statt dessen wählt sie die Solidarität mit Noemi und damit für sich selbst ein ungewisses Schicksal in der Fremde. In dieser Erzählung gewinnt das hebräische Wort «chäsäd» (Luther: Gnade) eine anrührende und zugleich aufrüttelnde Plastizität: uneigennützige Treue, unverbrüchliche Verbundenheit kennzeichnen Ruths Handeln.

Oder: Das Neue Testament erzählt die Kontrastgeschichten vom «reichen Jüngling» (Mt 19,16-26 par) – er ging, gebunden an seinen Besitz, traurig seiner Wege – und von Zachäus (Lk 19,1-10), dem kurzgewachsenen Zolleintreiber – er konnte sich vom ergaunerten Besitz trennen, wurde zwar materiell ärmer, aber innerlich reich. Dies ist eine Alternative, lehrt der Rabbi aus Nazareth: Ihr könnt nicht Gott dienen und dem Geld (Mt 6,24).

Wege der Auslegung und ihre Erträge

In den letzten Jahren hat die Diskussion über die Bedeutung der Bibel und die Zugänge zu ihr in Wissenschaft und Kirche an Breite und auch an Leidenschaft zugenommen. Und das ist gut so. Denn es geht um keine geringe Frage. Sie hat die Geschichte der Kirche weithin geprägt:

Der *Evangelist Lukas* schildert in seiner Ostergeschichte die Begegnung der verstörten Jünger auf dem Weg nach Emmaus mit dem auferstandenen Christus und durch ihn mit den Worten der Schrift (Lk 24,13ff). In dieser Episode verdichtet sich das christliche Verständnis vom Wesen der Bibel und des Zugangs zu ihr: Sie ist befreiendes und klärendes Wort – das sich im Gespräch miteinander und durch die Gegenwart Christi erschließt. Die beiden Männer reden miteinander, sie bewegen die sie bedrängenden Probleme hin und her. Christus tritt hinzu, geht ihren Weg mit ihnen, fragt sie nach dem Grund ihrer Traurigkeit – und läßt sie erzählen. Dann legt er ihnen die altvertrauten Worte neu aus, gibt ihnen eine Deutung, die anrührend und erhellend ist. «Brannte nicht unser Herz in uns, als er mit uns redete auf dem Wege und uns die Schriften öffnete?» so werden sie sich später erinnernd fragen (V. 32). Und dann im Mahl erkennen sie Christus. Die Gemeinschaft mit ihm öffnet die Augen endgültig. Verwirrung wird zu Klarheit, Verzagtheit zu Freude. Noch in derselben Nacht laufen sie nach Jerusalem zurück, schließen sich erneut der Gemeinschaft an, die sie eigentlich schon verlassen hatten.

Derselbe Lukas stellt die Synagogengemeinde von Beröa als positives Beispiel dar: «Sie nahmen das Wort bereitwillig auf und forschten täglich in der Schrift, ob sich's so verhielte» (Apg 17,11). Dies ist das Bild der Missionsgemeinde, das Lukas als vorbildlich vor Augen stellt: Menschen, die das Evangelium hören und sich im Gespräch miteinander um Bestätigung und Vergewisserung bemühen. Wenn schon die Menschen, die noch nicht glauben, mit solcher Ernsthaftigkeit nach Wahrheit

suchen, um wieviel mehr ist es dann nicht Aufgabe der Glaubenden, den Reichtum der Schrift füreinander zu erschließen.
«Sola scriptura» – das war einer der zentralen Grundsätze der *Reformation*, nach dem sich alles theologische Denken ebenso wie die Gestalt der Gemeinde am Schriftwort messen lassen muß.
Für Luther war freilich (nicht zuletzt in Abwehr der «schwärmerischen» Fehlentwicklungen) die Bindung des Geistes an das Schriftwort immer auch mit der Bindung an das Predigtwort der öffentlichen Kanzelrede verknüpft. So hat Luthers Reformation in ihren Konsequenzen eher zur Stärkung der Autorität ordinierter Schriftausleger beigetragen als zur Mündigkeit der Gemeinde.
Die Wurzeln der gemeinschaftlichen Bibelarbeit liegen eher in der reformierten Tradition, so in der Zürcher «Prophezei» ab 1525 und später in London, Genf und am Niederrhein.
«Daß man dahin bedacht wäre, das Wort Gottes reichlich unter uns zu bringen», so lautete der erste Vorschlag Philipp Jacob Speners zur «Besserung des gegenwärtigen Zustandes der Kirche» in der Programmschrift des *Pietismus*, der «Pia Desideria» von 1675. Spener rät neben dem Hören der Predigt zu intensiver Bibellektüre, individuell und eben auch in Versammlungen, in denen die Auslegung der Redenden dem Urteil der übrigen unterworfen wird.
Bei allen Unterschieden innerhalb der pietistischen Schriftauslegung bleibt die Verbindung von Bibellesen und deutender christlicher Gemeinschaft konstitutiv. So wird die «Bibelstunde» als Ergänzung oder gar als Konkurrenz zur gottesdienstlichen Predigt geradezu zum Kennzeichen pietistischer Frömmigkeit. In der Entwicklung des Neupietismus verstärkten sich freilich die problematischen Implikationen: ein unhistorischer Biblizismus einerseits und die zunehmende Ablehnung wissenschaftlich verantworteter Exegese andererseits.
Der Begriff «Bibelarbeit» ist in der *Jugendbewegung* beheimatet. Aus den «Bibelkränzchen» des 19. Jahrhunderts entwickel-

te sich in den 20er Jahren des 20. Jahrhunderts eine Form textbezogener und auf Eigenverantwortung zielender Bibellektüre in Gruppen.
Neue Dynamik gewann diese Bewegung im Kirchenkampf; so ist z.B. die Bibelwochenarbeit direktes Ergebnis dieser Auseinandersetzungen.
«Erneuerung aus der Bibel» war das Thema der (bisher letzten) *«Bibelsynode» der EKD 1981* in Fellbach bei Stuttgart. Auch wenn die Diskussion dort stark von den Differenzen um die Revision des Luthertextes (NT 75) bestimmt war, wurde doch auch die Hoffnung laut, daß eine Kirche im Umbruch nicht nur Veränderungen unterliegt, sondern auch eine Erneuerung erwarten darf. Diese Erneuerung ist ohne Bibel nicht denkbar. Sie sei nur möglich, so der damalige Ratsvorsitzende Engelhardt, «wenn es keine Erneuerung da und dort ist, durch die eine oder andere Anregung gegeben, sondern wenn es gelingt, ein Grundthema aus der Bibel in ihrer Vielfalt herauszuhören, das sich zu einem Impuls der Erneuerung verdichten, dann auch zuspitzen kann» (Fellbach 1981, S. 198).
Die «Konstitution über die göttliche Offenbarung – Dei Verbum» (1965) des Zweiten Vatikanischen Konzils und das Dokument der Päpstlichen Bibelkommission «Die Interpretation der Bibel in der Kirche» (1993) spiegeln etwas von der Diskussion *in der römisch-katholischen Kirche* wider. Die Bischofskonferenzen wurden aufgefordert, für die Verbreitung der Bibel unter den katholischen Christen zu sorgen und eigene Arbeitshilfen für die seelsorgerliche praktische Bibelarbeit zu schaffen. Derzeit stammen viele der originellen und gut brauchbaren Entwürfe und Arbeitsmaterialien aus dem katholischen Bereich. Dabei hat sich vielerorts das Lesen der Bibel und das Gespräch darüber als gemeindebauend, Konfessionsgrenzen überschreitend, aber auch als hierarchiegefährdend erwiesen. Die «Laien» entdecken sich in den Texten. Sie gewinnen Selbstbewußtsein und Mündigkeit. Die in den reformatorischen Kirchen oft nur deklamierte Überordnung der Schrift

(norma normans) gegenüber dem Dogma, der Lehrtradition der Kirche (norma normata) wird hier neu aktualisiert.
In den vergangenen Jahren sind in einer Fülle von Büchern, Aufsätzen und Arbeitsmaterialien hermeneutische Entwürfe und ihre praktischen Ausformungen vorgestellt worden. Einige haben sich dabei durchaus heftig voneinander abgesetzt. Tatsächliche und vermeintliche Antagonismen wurden benannt und der «Streit um die Bibel» zum Teil scharf und polemisch ausgetragen.
Dem gegenüber steht die Zuwendung zur Bibel in Gemeinden und Gesprächskreisen, auf Kirchentagen und Freizeiten, in Wohnzimmern und Einkehrhäusern. Eher unspektakulär und manchmal auch naiv eklektisch (eben typisch «postmodern»?!) haben Menschen ihren eigenen Zugang zur Bibel gesucht und gefunden. Allen gemeinsam ist die Sehnsucht danach, daß die Bibel als Lebensbuch in ihren Alltag spricht und ihnen Anregungen, Hilfen, Weisungen gibt, das Leben sinnvoll und in diesem Sinne gewinnbringend zu gestalten.
In diesem Buch ist nicht Gelegenheit, die verschiedenen «Wege lebendiger Bibelauslegung» (Horst Klaus Berg) ausführlich darzustellen und kritisch zu würdigen. Wir verweisen dazu vor allem auf das Votum des Theologischen Ausschusses der Arnoldshainer Konferenz (Das Buch Gottes – Elf Zugänge zur Bibel, 1992), das Dokument der Päpstlichen Bibelkommission (Die Interpretation der Bibel in der Kirche, 1993) sowie die beiden Bücher von Horst Klaus Berg (Ein V ort wie Feuer – Wege lebendiger Bibelauslegung, 1991, und: Grundriß der Bibeldidaktik, 1993).
Im Folgenden sollen jedoch einige Wege der Bibelauslegung mit ihren Impulsen, Fragen, Leitlinien und Erträgen aus den unterschiedlichen hermeneutischen Entwürfen und ihrer Praxis benannt werden. Sie berühren Wesentliches und gehören als notwendige Elemente in den integrativen Ansatz einer «lebensbezogenen Bibelarbeit».

1. Historisch-kritische Exegese

Die historisch-kritische Exegese lehrt, die Texte der Bibel aus nüchterner Distanz zu lesen. Sie nimmt ihr Alter und ihre Fremdheit ernst und müht sich darum, der Geschichte der Bibel sachgemäß und kontrollierbar nachzugehen. So schützt die historische Arbeit davor, die eigenen Erfahrungen und Erwartungen vorschnell in einen antiken Text zu projizieren. Das exegetische Methodeninstrumentarium ist differenziert und hat sich als ertragreich bewährt. Dies gilt besonders dort, wo sich die historische Arbeit ihrer Voraussetzungen und Grenzen bewußt bleibt. So wird sie z.B. gesicherte Ergebnisse und bloße Hypothesen sorgfältig unterscheiden bzw. kenntlich machen. Sie wird sich mühen, die biblischen Worte nicht nur als Objekte, als «Textmaterial» zu betrachten, sondern in ihnen ein ernstzunehmendes Gegenüber, einen kritischen Gesprächspartner zu sehen. Sie wird nicht nur auf die Details, sondern auch auf die Zusammenschau des Ganzen achten.

Für viele «Laien» ist die historisch-kritische Arbeit an der Bibel bis heute eher fremd, unverständlich oder gar beängstigend. Schon das Wort «kritisch» weckt allzu oft falsche Vorstellungen – so als ginge es vorrangig um eine kritische Haltung gegenüber der biblischen Überlieferung, wo es doch (jedenfalls sollte es so sein) zunächst um die selbstkritische Haltung der Auslegenden geht, die sorgfältig vor sich und anderen über ihre Arbeit Rechenschaft ablegen.

Es wird auch oft übersehen, daß schon im Schriftverständnis der *Reformation* die Wurzeln für die historische Erforschung der Schrift liegen. In Abgrenzung von der scholastischen Schriftauslegung lehrte sie den Vorrang des «sensus grammaticus et historicus», d.h. erst bei genauer Betrachtung der sprachlichen und geschichtlichen Gestalt der biblischen Texte erschließt sich ihr Sinn.

Im Vollzug von Bibelarbeit wächst auch die Neugier und entstehen die Fragen, die aller historischen Arbeit zugrunde liegen. Man fragt zunächst nach Realien, nach Gegenständen,

Orten, Pflanzen, Handwerkstechniken, Landschaften, Bräuchen. Daran schließen sich Fragen nach Zusammenhängen an, nach Verfassern, Gemeinden, dem geschichtlichen Hintergrund der Texte, nach ihren Wurzeln und Traditionen. Begriffe werden interessant, Parallelen und Gegensätze fallen ins Auge. So wird jeder Abschnitt in seiner Eigenart gewürdigt. Empfehlung: Die Erläuterungen der Stuttgarter Erklärungsbibel von 1992 bieten in allgemeinverständlicher Form gesicherte Ergebnisse zu den einzelnen biblischen Stellen und zu den biblischen Büchern an. Auch die Sach- und Worterklärungen liefern hervorragende Informationen.
In der gemeinsamen Arbeit können daher alle Methoden der Exegese von der Frage nach der Textgestalt bis zur theologischen Sachkritik als hilfreich erfahren werden.

2. Sozialgeschichtliche Auslegung

Von welchen Menschen redet die Bibel? Was waren ihre Lebensumstände, wie war ihr Alltag? Die sozialgeschichtliche Auslegung fragt nach dem «Sitz im Leben» der Texte. Sie hört sie als «Echo» auf konkrete Konflikte, Ängste, Freuden. Die biblische Überlieferung hat einen Alltagsbezug; sie ist nicht «rein religiös», sondern spiegelt das Leben umfassend wider. Vor allem die «kleinen Leute» sollen gebührend beachtet werden – als Subjekte und Adressaten der biblischen Überlieferung und als Begünstigte der Verheißungen Gottes.
Dieses Anliegen macht die sozialgeschichtliche Auslegung oft einseitig und parteilich. Ein Vorwurf, den ihre Vertreter zu Recht mit dem Hinweis auf die Leidenschaftlichkeit und Parteilichkeit eines Amos oder Micha kontern.
Außerdem weist die sozialgeschichtliche Auslegung darauf hin, daß die Trennung von religiösem und sonstigem Leben überwunden werden muß. Sie reklamiert den Zugriff Gottes auf alle Lebensbereiche. Sie stellt verdrängte oder vergessene Texte neu in den Vordergrund, z.B. 3. Mose 25: Sabbat und Erlaßjahr. Sie ermutigt zum Übertragen gewonnener Erkenntnisse in das

persönliche, das gemeindliche und vor allen auch in das politische Leben. Bibel und Portemonnaie, Glauben und Wahlzettel, Beten und Protestieren, Hoffen und Handeln sollen keine Gegensätze bleiben. Eine spannende Herausforderung für viele Christenmenschen, die das vielleicht zunächst als bedrängenden Anspruch empfinden. Es könnte aber doch auch sein, daß sich daraus eine hilfreiche und heilsame Befreiung entwikkelt.

3. Befreiungstheologische Auslegung

In den Basisgemeinden Lateinamerikas wird die Bibel «mit den Augen der Armen und Ausgebeuteten» gelesen, aber nicht als «Vertröstungsbuch», sondern als «Aufbruchsbuch». Mit der befreiungstheologischen Sicht entdecken die Menschen in der Bibel den Gott, der auf der Seite der Unterdrückten steht und die Mächtigen entmachtet. Die Bibel will Veränderung – nicht nur des einzelnen Menschen, sondern auch der gesellschaftlichen Strukturen. Jede lebensbezogene Bibelarbeit ist auch politisch! So sind zum Beispiel die Auslegungen des brasilianischen Befreiungstheologen und Bibelarbeiters Carlos Mesters zum Dekalog eine hochpolitische Auseinandersetzung auf dem Hintergrund der damaligen Verfassungsdebatte in Brasilien.

In den Basisgemeinden treffen sich Menschen, die auch im Alltag beieinander sind. Ihre Bibelarbeit ist lebensbezogen, weil sie auf konkrete Veränderung im direkten sozialen Umfeld zielt. Als Ergebnis der Bibelarbeit kann dann nicht nur ein Zuwachs an Wissen, ein tiefes religiöses Gefühl oder eine gedankliche Anregung gelten, sondern daß wir ganz anders werden sollen und dürfen, macht die Dynamik des Bibellesens aus. Auch das «Bibelteilen», eine einfache Form der befreiungstheologischen Bibelarbeit (vgl. S. 83), zielt auf die Frage nach dem erneuerten Handeln.

4. Bibelauslegung von Frauen

«Nicht nur ein Buch von Männern für Männer» ist die Bibel. Das klingt zwar selbstverständlich, ist es aber keineswegs. Es ist das Verdienst der Bibelauslegung von Frauen, darauf unüberhörbar hinzuweisen. Es gibt in der Bibel durchaus Prophetinnen und Jüngerinnen, selbst wenn sie oft unsichtbar gemacht wurden. Und in der Bibel wird vielerorts das Wesen Gottes mit weiblichen Prädikaten und Bildern umschrieben. Welche Konsequenzen hat das für Kirche, Theologie und Gesellschaft?

Feministische Theologinnen lesen die Bibel mit den Augen, d.h. mit den Fragen und Anliegen von Frauen. Sie sind ganz bewußt parteilich und subjektiv. Die persönliche Betroffenheit wird zum entscheidenden Schlüssel für Texte der Bibel, dies freilich in einer großen Spannweite von kritischer Solidarität bis zu einer «Hermeneutik der Ablehnung», die die Bibel vor allem als Zeugnis einer androzentrischen und sexistischen Unterdrückung liest. Wer jedoch andererseits die Fragen und Erfahrungen engagierter Frauen nicht ernst nehmen und hören will, wird dem Leib Christ nicht gerecht und kann der Bibel nicht sachgemäß begegnen. Wer meint, «unparteilich» Bibel lesen zu können, betrügt sich selbst und wird sie als lebendiges Buch verlieren. Die feministische Theologie ist eine selbstbewußte, herausfordernde und bereichernde Gesprächspartnerin für alle, die sich um die Bibel bemühen.

In den Gemeinden ist es selbstverständlich und unübersehbar: Ohne Frauen ist ein Gemeindeleben undenkbar. Sie sorgen für die Stetigkeit der meisten Dienste und Gruppen, sie bilden die Mehrheit im Gottesdienst. Und sie erproben für sich zunehmend neue Formen der Spiritualität. Sie tun dies oft, ohne damit einen speziellen Anspruch zu verbinden. Vielen von ihnen sind die Terminologie und die kämpferische Attitüde des «Feminismus» sogar suspekt. Aber sie leben eine Praxis, die sie als selbstbewußte, kompetente, kritische und kreative Bibelleserinnen erweist.

Selbstbewußt vertrauen sie ihrer eigenen Urteilskraft, ihrer

Phantasie, ihren Beobachtungen. Sie entdecken dabei ihre Kompetenz, die Bibel für sich zu verstehen und für sich fruchtbar zu machen. Kritisch unterscheiden sie zwischen dem, was erlösende, befreiende Kraft hat, und dem, was Ungerechtigkeiten oder Unterdrückung verfestigt oder fördert. Daß sie in besonderer Weise die Frauengeschichten der Bibel lesen und sich in den «Glaubensmüttern» wiederfinden, ist für sie ebenso naheliegend wie motivierend.
Sie entdecken die weiblichen Seiten Gottes und korrigieren so einseitige Traditionen – ein überaus wesentliches Ergebnis ihres Bibellesens, hilfreich und fruchtbar für alle Christenmenschen.
Und sie sind kreative Bibelleserinnen. In einer Unbefangenheit und inneren Freiheit, von der viele Männer nur träumen können, trauen sich Frauen, die biblischen Texte auf vielfältige und lebendige Weise zu erschließen. Sie wollen mit allen Sinnen glauben und nicht nur mit dem Kopf begreifen. So erproben sie, die Bibel zu tanzen, zu malen, ihr nachzuphantasieren . . . Viele Ideen dazu liefern z.B. die Materialien aus der evangelischen und katholischen Frauenarbeit und der jährlichen Weltgebetstagsvorbereitung.
Es wäre schön, wenn es gelingen würde, die dort gemachten Erfahrungen an die Männer in der Kirche weiterzugeben. Dies erfordert von den Frauen die Bereitschaft, auch die Männer einzubeziehen und ihnen Raum und Anteil an solchen Erfahrungen zu ermöglichen. Und die Männer brauchen Mut, sich neuen, aber auch bereichernden Erfahrungen auszusetzen.

5. Jüdische Auslegungstraditionen

Im jüdisch-christlichen Gespräch wird entdeckt, wie lebendig und gegenwärtig die Bibel in den jüdischen Auslegungstraditionen gelesen wird. Sie nehmen das Alte Testament in seiner Ganzheit wahr, verbinden einander widersprechende Aussagen in einem spannungsvollen Miteinander und betonen die gemeinsamen Grundlinien der Texte. Die Ehrfurcht gegenüber

den Heiligen Schriften und das Festhalten an einer Gesamtsicht werden durch eine ungenierte Deutungsfreiheit und den geistvollen Dialog der Ausleger ergänzt.
Dies gilt insbesondere für die *Haggada* (von *higgid*, erzählen). Sie umfaßt ein facettenreiches Spektrum an Erzählungen, Gleichnissen, Legenden, Lehren, Streitgesprächen usw., die dem Ziel dienen, die Heilsgeschichte so zu vergegenwärtigen, daß sie zum rechten Tun anleitet. Diese Auslegung beansprucht nicht, verbindlich oder endgültig zu sein. Sie ist für Ergänzungen, Korrekturen und Verdeutlichungen offen.
Jüdische Exegese «legt sich nicht den Text als Gegenstand objektiver Untersuchung zurecht, sondern nimmt gleichsam am Tisch der biblischen Erzähler Platz und beteiligt sich an ihrem Gespräch. Eine solche Tischrunde zeigt sich in der *Haggada*. Da geht es nicht immer nur mit feierlichem Ernst zu, sondern auch Witz und Ironie machen sich Raum, nichts wird in ein System historischer oder logischer Stimmigkeit gezwängt. Eben die Ungezwungenheit dieser narrativen Theologie gibt ihr eine eigentümliche Autorität – die Autorität der Erfahrung und des gelebten Glaubens, die aus ihr atmet» (Berg, 1991, S.390). Dabei verliert der biblische Text nicht seinen *peschat* (Wortsinn). Die Auslegung muß sich immer wieder am Wortlaut messen lassen.
«Die christliche Theologie könnte von der jüdischen lernen, daß die Demut der Kommunikation die Schätze der Überlieferung und des Gespräches sorgsam aufhebt und darauf achtet, daß sie für den Verstehensprozess nicht verlorengehen – damit die Bruchstücke der Wahrheit, die einzelne finden, etwas mehr zusammenwachsen in Richtung auf die größere Wahrheit» (Berg, 1991, S. 402).

6. Psychologische Auslegung

In der (tiefen-)psychologischen Auslegung werden die biblischen Bilder, Symbole, Mythen und Geschichten als Reflex innerseelischer Vorgänge gedeutet. Die Bilder und Geschichten der Bibel tragen, oft verborgen, heilsame Menschheits- und Gotteserfahrungen in sich, die dem zerrissenen Menschen Wege zur inneren Heilung öffnen. Jenseits aller Kontroversen über Recht und Grenzen der psychologischen Auslegung wird im Vollzug lebensbezogener Bibelarbeit die Bilder- und Symbolsprache der Bibel ernst- und aufgenommen. Die Bibel rührt auch die tiefen Schichten unserer Seele an. Die gemeinsame Grundüberzeugung aller psychologischen Auslegungsformen ist, daß durch die Themen der biblischen Texte Grundfragen des Menschseins angesprochen werden. Sie helfen, verschüttete Erfahrungen ans Licht zu bringen, um sie dann bearbeiten und aufnehmen zu können.

Viele Menschen können über ihre inneren Verletzungen nur schwer sprechen. Die Beschäftigung mit den biblischen Texten kann helfen, die Sprachlosigkeit zu überwinden. Das Bibelgespräch wird damit auch zu einer Form der heilsamen Kommunikation. «Erinnern, Wiederholen, Durcharbeiten» – der Dreiklang psychischer Bewußtwerdung und Gesundung wird durch das Lesen biblischer Texte und das Gespräch darüber im Kontext eigener Lebenserfahrung aufgenommen. Eugen Drewermann hat sechs Schritte für eine psychologische Bibelauslegung formuliert, nach denen auch Gemeindegruppen vorgehen können (vgl. S. 85).

Die Grenzen solcher Möglichkeiten müssen jedoch beachtet werden. Eine klare Grenze ist, daß eine Bibelarbeit keine Form der Psychotherapie ist. Mit diesem Anspruch würden die Kompetenz der Anleitenden und der Konsens der Teilnehmenden überdehnt. Bibelarbeit wird wohl heilsame Kräfte freisetzen, muß aber in ihren Grenzen respektiert werden. So ist z.B. sorgfältig zwischen einer szenischen Darstellung und einem psychotherapeutischen Bibliodrama zu unterscheiden (siehe bei Methoden S. 75).

Zum anderen bedarf es des sorgsamen Schutzes der Texte davor, in den bloßen Ausdruck innerlicher oder symbolischer Wahrheiten aufgelöst zu werden. Sie bleiben auch Wiedergabe historischer und sozialer Ereignisse, einer äußerlichen Wirklichkeit, die nicht als «nur noch historisch relevant» abqualifiziert werden darf. Das berechtigte Interesse, die Gleichzeitigkeit im Dialog der Lesenden mit den biblischen Texten zu erreichen, darf nicht um den Preis einer Aufgabe ihrer Damaligkeit und ihrer Fremdheit erreicht werden. Der Gott, der uns in den Worten der Schrift anspricht, bleibt unser Gegenüber. «Die Rettung liegt nicht schon in der Seele des Menschen bereit. Vielmehr bedarf es des rettenden und vergebenden Zuspruchs Gottes, also eines Eingriffs von außen. Das Heil liegt außerhalb menschlicher Möglichkeiten: extra nos! Gerade indem wir aus uns herausgeführt werden, werden wir heil.» (Das Buch Gottes, 1992, S. 37)

7. Meditativ-spirituelle Zugänge

Stille und Konzentration sind die Merkmale der meditativ-spirituellen Zugänge zur Bibel. Durch die Betrachtung eines Bildes, durch die Imagination einer Szene oder durch das verweilende Wiederholen eines Wortes wird die innere Verbindung mit dem biblischen Zeugnis gesucht und gefunden. Die Fähigkeit zur gespannten Konzentration, eine menschliche Qualität von höchster Bedeutung, wird in den Dienst eines tieferen Erkennens und Begegnens gestellt. Aus der Hektik und Zerstreuung des Alltages finden wir in der Stille Zeit für Gott – getragen von der Zuversicht, daß er spricht, wenn wir schweigen. Lebensbezogene Bibelarbeit erhofft solche Gotteserfahrung. Sie läßt sich von einer Haltung inspirieren, die dem Loslassen und der Stille ebensoviel zutraut wie dem engagierten Gespräch und den (zu-)packenden Anstrengungen unseres Denkens. Schon Luther hat ja zur Betrachtung der Bibel empfohlen, der Stille den Vorrang zuzugestehen. «Wenn der Heilige Geist unter solchen Gedanken käme und anfinge, in deinem Herzen mit reichen, erleuchteten Gedanken zu predigen, so tue ihm die Ehre, lasse jene vorgefaßten Gedanken fahren, sei stille und höre dem zu, der's besser kann als du.» (in: Eine einfältige Weise zu

beten, für einen guten Freund; zitiert nach: Martin Luther, Ausgewählte Schriften II, Insel-Verlag Frankfurt, S. 279)
Dabei geht die Betrachtung eines Wortes über in die Kontemplation, in eine Gottesbegegnung, die an das Wort gebunden bleibt, aber als unverfügbare Gnade erfahren wird und nicht willentlich oder methodisch herbeigeführt werden kann. «Das eigentliche Ziel christlicher Meditation ist es, Gott zu erfahren und sich selbst dabei durch ihn erneuert zu erleben. Gott kann aber nie Gegenstand sein. Er ist unverfügbar» (Rompf 1994, S. 11).

8. Impulse aus der Ökumene

Man kann nur ahnen, welche Reichtümer an Erkenntnis und Lebensrelevanz noch durch die kontextuelle Auslegung der Bibel in Asien, Afrika oder auch in Osteuropa entdeckt werden. Lebensbezogene Bibelarbeit gewinnt durch den Austausch mit Christen aus anderen Kulturen und religiösen Traditionen.
«Aus der Bibel kommen uns viele Stimmen entgegen. Die Welt- und Gottesbilder der Menschen, die sich in ihr vernehmen lassen, sind vielfältig durcheinandergeschichtet und ineinander verschränkt. Das geht oft nicht glatt. Das führt zu Spannungen und Widersprüchen. Die Leser müssen sich Gedanken machen. Aber gerade in dieser Vielfalt bietet die Bibel eine Fülle von Zugängen an. In Somalia fand als erste Veröffentlichung eines Teils einer neuen Übersetzung das Buch der Sprüche große Beachtung. In der Tschechoslowakei gewann, als der Prager Frühling dem Moskauer Frost erlegen war, das Buch Hiob erstaunliche Aktualität. In Indien ist in der Regel das erste Buch der Bibel, das in eine neue Sprache übersetzt wird, das Evangelium nach Johannes. Sein Bild des kosmischen Christus – ‹Im Anfang war das Wort› – ist für indisches Denken leichter zugänglich als jeder andere Bericht über Leben und Werk Jesu. In Afrika dagegen ist das Lukas-Evangelium oft die Nummer eins. Die vielen Gleichnisse und Beispielgeschichten, die dieses Evangelium enthält, sprechen afrikanische Hörer besonders an» (Fick 1992, S. 4).

Der Afrikaner John S. Mbiti beschreibt (1986), daß für afrikanische Christenmenschen der Jakobusbrief zentral ist. Die Einheit von Glauben und Tun ist für sie Kennzeichen des Christseins, und der Jakobusbrief stellt dies für sie besonders eindrücklich dar. Oder: Die Vätergeschichten gehen afrikanischen Christenmenschen sehr zu Herzen, weil für sie die Verbindung zu den eigenen Ahnen und zu den Ahnen im Glauben außerordentlich wichtig ist.
Wie schön wäre es, wenn wir den Reichtum der Begegnungsmöglichkeiten nutzen würden, der sich aus dem bunten Miteinander von Christen und Gemeinden in unseren Ballungsgebieten ergibt. Wir könnten doch relativ leicht (ohne weite Reisen) nicht nebeneinander, sondern miteinander die manchmal schon (zu) vertrauten Text ganz neu lesen – auch mit den Augen von Menschen, die mit uns eine Welt bewohnen, sie aber oft ganz anders sehen, aber gerade dadurch bereichernd und warum nicht auch korrigierend? Unser westeuropäisches Verständnis von Glauben ist nach wie vor allzu unkonkret und vielfach auf das bloße Fürwahrhalten reduziert – für Christenmenschen aus anderen Teilen der Erde wie für die biblischen Zeugen ist das geradezu unverständlich.

Die Erträge integrieren

In der Praxis der Bibelarbeit wird es darum gehen müssen, ohne voreilige Verallgemeinerung und unnötige Festlegung in einem integralen Vollzug Stärken und unverzichtbare Anliegen der verschiedenen Zugangsweisen aufzunehmen.
In der Reflexion der eigenen Praxis wird Selbstkritik und kritische Fremdwahrnehmung vor Irrwegen und Defiziten schützen.
Im Rahmen des biblischen Kanons wird den unterschiedlichen Themen und vielen berechtigten Interessen ein weites Feld eröffnet. Es wird freilich auch durch den Kanon begrenzt.

Die Fragen «Was ist möglich?» und «Was ist nötig?» müssen je neu im Gespräch miteinander und im Hören auf die Zeuginnen und Zeugen der Schrift bedacht werden. So können wir unseren Weg mit der Bibel in unserem Leben suchen und finden.
Martin Buber erzählt: «Im Monat Elul, da die Menschen ihre Seelen für die Tage des Gerichts bereitmachen, pflegte Rabbi Chajim Geschichten zu erzählen, mit einer Melodie, die alle Hörer zur Umkehr bewegte. Einmal erzählte er: Es hat sich einst einer im tiefen Wald verirrt. Nach einiger Zeit verrirrte sich ein zweiter und traf auf den ersten. Ohne zu wissen, wie es dem ergangen war, fragte er ihn, auf welchem Weg man hinausgelange. ‹Den weiß ich nicht›, antwortete der erste, ‹aber ich kann dir die Wege zeigen, die nur noch tiefer ins Dickicht führen, und dann laß uns gemeinsam nach dem Weg suchen.› Gemeinde, schloß der Rabbi seine Erzählung, suchen wir gemeinsam den Weg!» (aus: Martin Buber, Die Erzählungen der Chassidim, © Manesse Verlag, Zürich 1949)

Merkmale und Ziele einer «lebensbezogenen Bibelarbeit»

Wenn in diesem Buch von «Bibelarbeit» die Rede ist, meinen wir alle Formen des gemeinsamen Lesens der Bibel und des Austausches über sie (vgl. Jürgen Henkys 1966, Wolfgang Schenk 1971, Theophil Vogt 1985).
Freilich gilt viel des bisher Gesagten mit den nötigen Änderungen auch für die individuelle Bibellese, die «Stille Zeit» mit der Bibel, ihre persönliche und intime Aneignung. Und es läßt sich auch auf andere Formen der öffentlichen Vermittlung biblischer Texte und Inhalte übertragen, also auf die Predigt, die Katechese und den biblischen Vortrag, der z.B. auf Kirchentagen oder bei Konferenzen oft als «Bibelarbeit» bezeichnet wird.

Wegen des unscharfen Gebrauches des Begriffs sind für die Bezeichnung der gemeinsamen Bibelarbeit erläuternde oder näher bestimmende Attribute vorgeschlagen worden.
«Erlebnisorientierte Bibelarbeit» (z.B. Voser-Käppeli / Friedli-Saner, 1979) ist eine Bezeichnung, die aus der Abgrenzung gegen eine als «verkopft» und «steril» empfundene Praxis entstanden ist. Leider ist diese Bezeichnung mißverständlich. Denn gegen die ausdrückliche Intention der Urheber kann der Eindruck entstehen, als ginge es um vordergründiges «Erleben», gar um den «Kick» spektakulärer Erlebnisse. Manche Praxis nährt leider dieses Mißverständnis, wenn sie den Wert einer Bibelarbeit von eindrücklichen Effekten abhängig macht. Der Wunsch vieler Mitarbeitender in der Kirche, möglichst gut einsetzbare Methoden zur Hand zu haben, die die Bibelarbeit «interessant» machen, ist zunächst legitim (wenn man bedenkt, daß das Gegenteil «uninteressant» oder «langweilig» wäre). Gefährlich wird es erst, wenn der «Erlebnischarakter» zum Maßstab des Erfolges und folgerichtig zum (heimlichen?) Kriterium der Planung und der Methodenwahl wird. Methoden haben immer nur einen dienenden Charakter; sie dürfen nicht zum Ziel werden, nicht zum Selbstzweck.
Horst Klaus Berg (1992) hat die Bezeichnung *«erfahrungsbezogene Bibelarbeit»* vorgeschlagen. Dieser Begriff nimmt die Überlegungen auf, daß biblische Texte da zu sprechen beginnen, wo sie auf die Lebenserfahrungen anderer hin befragt werden und wo sie die Fragen und Erkenntnisse meiner Lebenserfahrung aufnehmen. Nicht um ausgeklügelte Gedankenspiele geht es, sondern um die Verbindung von Bibel und realem, erfahrbarem Leben. Dazu kommt, daß im Begriff «Erfahrung» Reflexion und der Abstraktion bereits enthalten sind. Wer ein eindrückliches Erlebnis hat, z.B. einen glücklich überlebten Autounfall, wird das Erlebte erzählen, bereden, bedenken, sich eventuell in grundlegender Weise mit Tod und Sinn, mit Schicksal und Grenzen auseinandersetzen. Dadurch wird das Ereignis bearbeitet und aus dem punktuellen *Erleben* wird

eine bleibende *Erfahrung*. All dies sind Gesichtspunkte, die auch einer Bibelarbeit gut anstehen. Ein wenig in den Hintergrund tritt dabei freilich der Aspekt der Veränderung, der Zukunft. Welche Konsequenzen hat die so gewonnene Erfahrung für die künftige Gestaltung meines Lebens, wo macht sie mich anders, wo muß ich mich etwa ändern?
Um diesen Gesichtspunkt zu integrieren, der eine unbedingte Zielvorgabe von bibelgerechter Beschäftigung mit der Bibel ist, schlagen wir die Bezeichnung *«lebensbezogene Bibelarbeit»* vor. Sie benennt vorrangig die Intention und bezieht sich erst in zweiter Linie auf die Methoden der Gestaltung. Natürlich ist klar, daß dann die Formen und Methoden der Intention dienlich sein müssen. Wir möchten «lebensbezogene Bibelarbeit» so umschreiben:

Lebensbezogene Bibelarbeit
ist die Form
gemeinsamen Bibellesens,
in der die Leserinnen und Leser
ganzheitlich der Bibel begegnen,
sie auf Lebenserfahrungen
und Lebensperspektiven hin befragen,
und sich darüber herrschaftsfrei austauschen.

In der Begegnung miteinander und mit der Bibel
werden die alten Worte
für das Leben fruchtbar:
Es wird verstanden und gedeutet,
Maßstäbe und Hoffnung werden gewonnen,
es wird verändert und erneuert.

Voraussetzung für lebensbezogene Bibelarbeit
ist der Glaube an die Gemeinschaft der Heiligen,
die Gottes Verheißungen in Anspruch nehmen,

indem sie nach Wahrheit, Weisheit und Weisung suchen.
Erwartet wird die wohltuende Gegenwart
des dreieinigen Gottes
in seinem Wort
und durch seinen lebensschaffenden Geist.

Die Stichwörter dieser Umschreibung sollen in den nächsten Abschnitten noch etwas mehr gefüllt werden. «Lebendig» wird die «lebensbezogene Bibelarbeit» aber freilich erst durch den Vollzug.

1. gemeinsam

In der lebensbezogenen Bibelarbeit geschieht eine Begegnung zwischen der Bibel und den Menschen – dem Menschen und seinem Mitmenschen. Sie braucht daher die Gemeinschaft. Auf die Anzahl der Teilnehmenden kommt es dabei weniger an – auch hier haben schon zwei oder drei die ganze Verheißung!

Je bunter die Gruppe ist, desto besser: über Bildungs- und Altersgrenzen hinweg, geschlechts- und schichtenübergreifend. So kann eine vielfältige Gemeinschaft entstehen, und ein großer Erfahrungsschatz wird nutzbar. In unserem Land ist es ebenso nötig wie möglich, im Bibellesen die Grenzen, die leider noch die Konfessionen trennen, zu überschreiten und im Vollzug transparent zu machen. Die Bibelwochenarbeit ist seit vielen Jahren ein ermutigendes Beispiel dafür.

Das «Jahr mit der Bibel 1992» hat Maßstäbe für eine Gemeinsamkeit gesetzt, hinter die die Kirchen und Gemeinden nicht mehr zurückfallen sollten.

Solche Anforderungen müssen sich natürlich den realen Gegebenheiten vor Ort anpassen; aber die «Utopie» kann als Korrektiv im Blick bleiben.

«Gemeinsam» heißt auch: Lebensbezogene Bibelarbeit ist kein Monolog. Wer sie leitet, muß bereit sein, sich zurückzunehmen und allen Teilnehmenden Sprach- und Gestaltungsräume zu eröffnen. Und umgekehrt gilt: Wer teilnimmt, muß die Bereitschaft mitbringen, sich einzugeben und zuzuhören, sich zu öffnen und für das Geschehen mitverantwortlich zu sein. Dies ist manchmal mühsam – aber in jedem Fall lohnend. Das Stichwort «gemeinsam» sollte, wenn irgend möglich, auch in die Vorbereitung und Leitung einfließen: Lebensbezogene Bibelarbeit läßt sich gut in einem Leitungsteam, wenigstens einer Zweiergruppe, vorbereiten und durchführen statt allein.

2. ganzheitlich

Der Verstand, die Phantasie und die Gefühle werden von der Bibel gleichermaßen angesprochen. Deshalb sollen Kopf und Ohren, Füße und Augen an der Bibelarbeit teilnehmen dürfen. Der Mensch ist nicht nur «Hirn», sondern möchte «ganz» angesprochen werden, auch mit seinen Sinnen. Die Art und Weise der «Ganzheitlichkeit» orientiert sich dabei:

- an den Menschen, die zusammenkommen (hat einer von ihnen ein Gipsbein, wird man nicht unbedingt die Methode «laut und Bewegung lesen» wählen);
- an den Kompetenzen des/der Leitenden («Was paßt zu mir?» und «Was kann ich anleiten?»);
- nicht zuletzt am Bibeltext selbst (einem Gleichnis entspricht die szenische Darstellung vielleicht mehr als einem paulinischen Brieftext).

Das Anliegen, daß viele Sinne angesprochen werden, sollte in jeder lebensbezogenen Bibelarbeit möglichst weitgehend umgesetzt werden. Dies ist oft mit ganz schlichten Methoden möglich, vor allem, wenn die Ansprüche an ganzheitliche Wahrnehmung nicht «überdehnt» werden. Nicht jede Bibelarbeit wird alles leisten können – und muß es auch nicht.
Zur Ganzheitlichkeit gehört übrigens auch der Raum, in dem die Bibelarbeit stattfindet. Seine Einrichtung, seine Gestaltung, sein «Geruch» haben eine Botschaft.
Lebensbezogene Bibelarbeit soll in Form und Inhalt den gan-

zen Menschen, die ganze Person anrühren. Das heißt, sie wird die Menschen im Blick auf ihre Vernunft, ihre Gefühle und auch ihren Willen ansprechen. Dies sind die drei Dimensionen des bewußten Menschseins, die im alttestamentlichen Denken im Begriff «Herz» zusammengefaßt sind (vgl. Wolff, 1973, S. 68ff). In diesem Sinn wird lebensbezogene Bibelarbeit wirklich «zu Herzen gehen».

3. herrschaftsfrei

Lebensbezogene Bibelarbeit ist «herrschaftsfrei». Das klingt ungewöhnlich, gemeint ist: Lebensbezogene Bibelarbeit ist das strikte Gegenteil von Indoktrination. Ihre Ergebnisse sind letztlich unverfügbar. Es ist nicht schon vorher klar, welcher Ertrag am Ende steht. Die Teilnehmenden bestimmen den Gang des Gespräches mit. Sie nehmen kein vorgefertigtes Lernziel, sondern ihre eigene Gesprächsfrucht mit nach Hause! Und diese Bibelarbeit kann nicht bis ins letzte Detail vorgeplant werden – aber auch darin ist sie lebensnah.

Lebensbezogene Bibelarbeit braucht (sowohl auf seiten der «Experten» wie auf seiten der «Laien») die Bereitschaft, die Herrschaft der «Experten» aufzugeben. Es geht nicht darum, daß «der Fachmensch lächelt und der Laie staunt».

Zwar ist das Können der theologischen Fachleute, z.B. ihre Sprachkenntnis, ihr historisches Wissen und ihr systematisch-theologisch geschultes Denken (also ihre Fach-Kompetenz) für die Bibelarbeit wichtig. Aber ihre Stimme ist nur eine unter vielen. Die Sach-Kompetenz einer gestandenden Hausfrau oder eines Langzeitkranken ist gleichberechtigt und mindestens gleichwertig. Sie darf nicht heruntergespielt oder zum Schweigen gebracht werden. Angstfreiheit ist dabei das entscheidene Kriterium der Herrschaftsfreiheit. Wo mir zugetraut wird, etwas beizutragen, wächst das zum Gespräch notwendige Vertrauen.

So wird der refomatorische Grundsatz vom «allgemeinen Priestertum aller Glaubenden» ernst- und aufgenommen. Nach

Martin Luther machen *oratio*, *meditatio* und *tentatio* das Studium der Theologie aus. *Gebet*, *Besinnung* und *Anfechtung* sind allen Christenmenschen gegeben. Sie sind durch Taufe und Lebenserfahrung zu Gemeinschaft und Dienst «ordiniert».
Dabei ist lebensbezogene Bibelarbeit in der Regel nicht ohne Leitung. Der/die Anleitende hat die Aufgabe, das Gespräch zu ermöglichen, nötige Informationen zu geben, geeignete Methoden vorzuschlagen, Schweigsame zu ermutigen, Vielredner zu bremsen und – die Uhr im Blick zu behalten (!). Herrschaftsfrei bedeutet also nicht «leitungsfrei» – Leitung ist (anstrengender) Dienst.

4. fruchtbar

In bedrängenden Lebenslagen spricht die Bibel ebenso zu uns wie in Herausforderungen und in Freude. Lebensbezogene Bibelarbeit versucht, den Erfahrungsreichtum der Bibel für unsere Fragen fruchtbar zu machen. Verwirrende Seiten des Lebens werden so eingeordnet und gedeutet. Sie müssen nicht völlig rätselhaft bleiben.
In schrecklichen Zeiten bekommen wir durch die Bibel einen Leidensgefährten; das Geheimnis des Lebens und seine Unverfügbarkeit werden dabei anerkannt – auch das ist entlastend. In Lob und Klage wird unserer Stummheit eine Stimme verliehen. Ingo Baldermann z.B. berichtet, daß sich bereits Kinder mit ihren Gefühlen, Freuden und Ängsten in den Worten der Psalmen wiederfinden (Baldermann, 1989).
Die Bibel ist verdichtetes Leben – deshalb ist sie ja ein für Künstler und Dichter so faszinierendes Buch.
So antwortete Bert Brecht auf die Frage nach seinem Lieblingsbuch: «Sie werden lachen: Die Bibel!»
Lebensbezogene Bibelarbeit möchte das in ihr gesammelte Potential erschließen mit dem Ziel, Menschen lebenstüchtig(er) zu machen.

5. verändernd und befreiend

Von einem Berliner Taxifahrer wird der Ausspruch überliefert: «Die Bibel – det Buch pack ick nich an. Wenn ick det lese, muß ick mir ändern und det will ick nich.»

Die Bibel zielt auf unser Bewußtsein und unser Handeln. Lebensbezogene Bibelarbeit versucht, mit ihren Formen und durch ihre Haltung dieses Veränderungspotential nicht zu behindern, sondern ihm vielmehr Wege zu öffnen. Die Botschaft soll nicht «im Kopf hängen bleiben», sondern auch in den «Bauch» gelangen und dann Hände und Füße in Bewegung bringen.

Die wirklichen Hindernisse und Widerstände, die eine verändernde Bibelarbeit blockieren, liegen nicht auf der pragmatischen Ebene des «Wie» von Methoden und Handfertigkeiten. Sie werden vielmehr von Ängsten und Festlegungen verursacht. Diese betreffen z.B. unser Gemeindebild und die Rolle der Pfarrerinnen und Pfarrer. Oder wir fürchten allgemein die Unabsehbarkeit von Veränderungen – selbst wenn wir am status quo leiden. Wir hätten also (vielleicht) gerne (etwas mehr) lebensvolle Formen der Bibelarbeit, aber wir schrecken zugleich davor zurück. Die innere Auseinandersetzung, die so entsteht, endet allzu oft wie die Geschichte des reichen Jünglings (Mk 10,17ff), der nicht willens (oder nicht fähig) war, den Preis der Freiheit zu zahlen: «Er wurde unmutig über das Wort und ging traurig davon; denn er hatte viele Güter.»

In der Wilhelma, dem Stuttgarter Zoo, kommen die Besucherinnen und Besucher bis auf wenige Zentimeter an den Chef der Gorillasippe heran. Selbst kleine Kinder können es wagen, ihn mit dem Finger scheinbar zu berühren, ein wenig ängstlich auf das riesige Tier blickend, das sie mit seinen gewaltigen Muskeln zerreißen könnte – könnte, wenn nicht die Panzerglasscheibe dazwischen wäre – «zum Glück!», denken wir.

Das Bild trifft auf unser Verhältnis zur Bibel mehr zu, als uns lieb ist. Wir spüren zu Recht die innere, auf Veränderung drängende Kraft der Bibel als ein «Wort wie Feuer» – und versuchen oft,

uns ihr zu entziehen, indem wir Distanz wahren. Die verehrte Bibel, die geglaubte Bibel, die analysierte Bibel, auch die erklärte Bibel . . . sie bleibt in jedem Fall ein Objekt in unserer Hand. Solches Bibellesen kann durchaus «richtig» sein und bleibt doch richtig wirkungslos.
Wir müssen bereit sein (oder uns bereiten lassen), uns dem Risiko einer befreiten Bibelarbeit auszusetzen, bevor wir imstande sind, die befreienden Kräfte der Bibel wirken zu lassen. Dies würde freilich voraussetzen, daß wir die Distanz der Bibel gegenüber aufgeben.
Ob es wirklich nur aus einem noch tieferen Leiden an Kirche und Welt, an Glauben und Leben zu einer Rückbesinnung auf die Bibel kommen wird? Oder ob nicht doch dieses Buch eine verlockende Kraft entwickeln kann, einen mitreißenden Sog, eine ansteckende Freude?
«Der Weg des Gemeindeaufbaus ist der Weg zurück zur Schrift» (Dietrich Bonhoeffer). Durch die geteilte Bibel werden wir als Gemeinde für uns und dann für andere geprägt. Die Erneuerung der Kirche beginnt da, wo sie sich die Bibel zu Herzen gehen läßt, also in ihrem Denken, Wollen, Fühlen und Tun «biblisch» wird.

6. glaubend

Die Verheißung des Bibellesen ist: Christus ist gegenwärtig. Wir sitzen nicht allein zusammen, sondern Jesus Christus ist unter uns; wir lesen nicht lediglich ein Buch, sondern hören daraus die Stimme unseres Gottes.
Dieses Zutrauen gibt der lebensbezogenen Bibelarbeit eine eigene Qualität und Identität. Sie tritt damit aus dem Bereich der allgemein menschlichen Möglichkeiten und wird zur christlichen Bibelarbeit. Aus einer glaubenden Haltung heraus wird die Bibelarbeit freilich auch nicht einfach dazu da sein, mich nur in dem zu bestätigen, was ich schon immer für richtig hielt. Das Zutrauen macht mich offen, daß ich mir auch Kritisches zu meinem Wohl sagen lasse.

7. suchend und erwartungsvoll

Lebensbezogene Bibelarbeit ist motivert von der Erwartung, in der Bibel etwas zu finden.

«Was gilt?» – «Was ist tragfähig?» – «Was ist zu tun?» Lebenswahrheit, Lebensweisheit und Lebensweisung können in der Bibel gefunden werden. Diese Such- und Erwartungshaltung prägt lebensbezogene Bibelarbeit. Sie wird diese Haltung immer wieder offenhalten, auch aus dem Vertrauen heraus, Heilsames und Weiterführendes zu finden.

«Wir werden in der Bibel immer gerade so viel finden, als wir suchen: Großes und Göttliches, wenn wir Großes und Göttliches suchen; Wichtiges und Historisches, wenn wir Wichtiges und Historisches suchen; überhaupt nichts, wenn wir überhaupt nichts suchen.» (Karl Barth)

8. trinitarisch

Subjekt der Bibelarbeit ist zuerst und zunächst Gott: Er handelt in der Bibelarbeit an uns, er ist gegenwärtig und beschenkt uns. Gott tut dies als Schöpfer unseres Lebens und auch als «Schöpfer» der Bibel. Er hat uns Kräfte des Verstandes, Gefühle und Phantasie geschenkt, die uns sein Wort erschließen. Er öffnet uns das Ohr, damit wir «hören, wie Jünger hören» (Jes 50,4). Er begleitet unser Reden mit Geistesblitzen und geistvollen Ideen. Er gibt uns den Geist des Gehorsams, der unserer Schwachheit aufhilft. Die reformatorischen Kirchen haben zu Recht das Wirken des Heiligen Geistes streng an die Worte der Schrift gebunden. Im württembergischen Glaubensbekenntnis von Johannes Brenz (1552), übrigens der einzigen Bekenntnisschrift, die einen Artikel zur Bibel hat, heißt es in Artikel 30: «Diese Schrift – so glauben und bekennen wir – ist die Stelle, wo der Heilige Geist redet . . . Die Gabe der Schriftauslegung ist nicht Sache menschlicher Klugheit, sondern des Heiligen Geistes . . . Der wahre Sinn der Schrift ist in der Schrift selbst zu suchen und bei denen, die, von Gottes Geist erweckt, die Schrift durch die Schrift auslegen.»

Gott begegnet uns in unserer Bibelarbeit als Erlöser und Befreier, als Heiland und Zurechtbringer. Das vierfache «Allein» der Reformation stellt einen unauflöslichen Zusammenhang dar. Schrift, Glaube und Gnade sind nicht auseinanderzudividieren. Und im «Allein Christus» haben sie ihr Zentrum. So gilt: «Eins ist Not: Christus. Und dieser Eine sagt von der Schrift: ‹Sie ist's, die von mir zeuget.› Größeres können wir von der Bibel nicht sagen, und mit weniger dürfen wir uns nicht zufriedengeben: ‹Solus Christus!›» (Martin Niemöller)

Fazit

Es geht bei der lebensbezogenen Bibelarbeit also zunächst weniger um Methoden als vielmehr um Intentionen und Ziele, vor allem aber um eine Haltung und eine Erwartung:

- um die Haltung der Menschen, die viel, wenn nicht alles von Gott erwarten und sich deshalb voller Sehnsucht nach ihm ausstrecken;
- um die feste Entschlossenheit, nicht ohne die Schwestern und Brüder, nicht ohne ihre Stimmen auf die Worte der Schrift zu hören;
- um den Verzicht auf Besserwisserei oder die bereitwillige Auslieferung an Experten und ihr «Herrschaftswissen»;
- um die Bereitschaft, sich dem Gehörten und Bedachten zu öffnen, sich «hineinverwickeln» zu lassen und aus dem Verstandenen und Anrührenden Konsequenzen zu ziehen;
- um die Erwartung der Kinder, die nicht fürchten müssen, mit Steinen abgespeist zu werden, wenn sie hungern und um Brot bitten.

Exkurs: Laßt uns «bibeln»!

Der Terminus «Bibelarbeit» bleibt auch in der Kombination mit Attributen wie «ganzheitlich» oder «lebensbezogen» ein eher sprödes und abstraktes Nomen. Es scheint bezeichnend zu

sein für die Vorherrschaft der Postulate gegenüber der Praxis, der Theorie gegenüber dem Vollzug, daß bisher kein einschlägiges Verb für das gemeinsame Bibellesen gebräuchlich geworden ist.
Wie wäre es mit dem Tätigkeitswort *«bibeln»*?
Die Analogie zu «angeln» oder «segeln» ist evident. So gebildete Verben signalisieren im Deutschen eine Einheit von

– Person	Angler / Segler
– Gegenstand	Angel / Segel und Boot
– Umfeld	Fische / Wasser und Wind
– Ziel	Fangen / Fortbewegung

Sachgemäß gebraucht, bedarf das Verb den Plural: Wir «bibeln» miteinander, machen uns mit dem Wort, von ihm berührt und geführt, auf den Weg. «Bibeln» geschieht gemeinsam, zielt auf Einheit und ist sozusagen ein Team-Sport.
Zugegeben, das Wort klingt (noch) unvertraut und hat auch im allerneuesten Duden noch keinen Platz gefunden. Aber: Der Bildhauer Heinrich Gerhard Bücker hat 1993 den Preis der Stiftung «Bibel und Kultur» erhalten. In seiner Laudatio hat Paul Werner Scheele sein «bibeln» gelobt. Das Künstler meint damit ein «Hinhören auf das gesamte biblische Zeugnis, verbunden mit dem Willen, es im Kunstwerk wieder- und weiterzugeben». Es ist ein «Über-Setzen», ein «Hin-über-Tragen» in Offenheit für die ganze Bibel, eine «Zusammenschau der Bilder», ein «kommunizierendes Miteinander» von biblischem Text, Künstler, gegenwärtiger Wirklichkeit und Betrachtern.
Was dem bibelnden Künster wohl ansteht, kann der Gemeinde Vorbild und Ansporn sein. Die Bibel mischt sich ein – wenn wir «bibeln«, tun wir desgleichen.

II. Gestaltung und Methoden

«Die Bibel ins Leben zu holen», dies ist also das Anliegen lebensbezogener Bibelarbeit. Diese Intention muß freilich eine konkrete Gestalt finden, die Intention eine angemessene Form gewinnen. Dazu soll nun zunächst ein bewährtes Grundmodell vorgestellt werden, eine «Bewegung», an der sich Vorbereitung und Durchführung lebensbezogener Bibelarbeit orientieren können. Dann werden einige erprobte Methoden beschrieben, mit denen die einzelnen Schritte des Grundmodells gestaltet werden können.

Das Drei-Phasen-Modell

Das «Drei-Phasen-Modell» ist eine Grundform der Bibelarbeit. Sie wurde im Kontext der Arbeit des «Schweizer ökumenischen Arbeitskreises für Bibelarbeit in den Gemeinden» entwickelt.
Ihre erste ausführliche Darstellung veröffentlichten 1979 Marty Voser-Käppeli und Markus Friedli-Saner. Seither hat sich das «Drei-Phasen-Modell» in vielen Anwendungszusammenhängen bewährt, z.B. bei Gemeindebibelkursen, in Wochenend-Veranstaltungen, für Hauskreise, in der Bibelwochenarbeit. Eine gründliche theologische und didaktische Reflexion des Modells hat Theophil Vogt 1985 vorgelegt.
In vielen neuen Ansätzen und Praxishilfen wird in grundsätzlich gleicher Weise eine solche «triadische Grundform des Bibelgesprächs» (Vogt) vorgeschlagen. Sie entspricht der Sache und ist sowohl präzise genug, um als Planungs- und Gestaltungsrah-

men zu dienen, als auch flexibel genug, um den unterschiedlichen Gegebenheiten der Texte und der Gruppen angepaßt zu werden.

Es geht dabei um

- eine *Bewegung* auf den Text zu (Begegnen und Öffnen),
- ein *Verharren* beim Text (Erkunden und Verstehen),
- ein *Aufnehmen* des Textes (Aneignen und Mitnehmen).

Die drei «Schritte» oder «Phasen» sind dabei nicht als starre Vorgabe, als Festlegung zu verstehen, eher als Orientierung. Es geht beim «Bibeln» nicht darum, «im Gleichschritt zu marschieren», sondern um eine Leichtigkeit der äußeren und inneren Bewegung.

Man könnte sagen: Lebensbezogene Bibelarbeit in der Form des Drei-Phasen-Modells ist so etwas wie ein «Tanz», zu dem Text und Gruppe sich finden. Und wie beim Tanzen ist es gut, zunächst die Grundschritte zu üben, um dann umso luftiger und freier die Figuren zu variieren.

So verstanden ist es ein gutes und hilfreiches Modell, das hilft, in der Bibelarbeit den Lebensbezug nicht aus den Augen zu verlieren. Die drei Phasen beschreiben eine Bewegung «vom Leben – zur Bibel – zum Leben».

1. «Auf den Bibeltext zugehen»

Die erste Phase nimmt ernst, daß wir dem biblischen Text* zunächst als Fremde gegenüberstehen. Er wurde für Menschen und von Menschen geschrieben, die durch Zeit und Lebensumstände von uns getrennt sind. Wir machen uns nun auf, diesen Abstand zu verringern, versuchen einen Weg der Annäherung, möglichst intensiv und unbefangen. Wir entdecken ein-

* Das Kürzel «Text» vermittelt das Bild eines Objektes, weniger das eines Gegenübers. Deshalb ist die Bezeichnung «Text» für das biblische Wort, über das und mit dem gesprochen wird, unbefriedigend, läßt sich aber oft nicht vermeiden. Dies gilt besonders für die verknappte Sprache von Arbeitsbeschreibungen.

zelne Themen oder Motive, gehen neugierig und mit guten Erwartungen auf den Bibeltext zu.
Auf diesem Weg zum Bibeltext nehmen wir unsere Alltagserfahrungen und -fragen mit und bringen sie mit ihm in Verbindung. Dies kann in der Regel nicht «neutral» oder «objektiv» geschehen.
Vielleicht werden wir schon jetzt Gefühle von Zustimmung oder Ablehnung in uns wahrnehmen; Erinnerungen und Bilder werden wachgerufen. Wie in der ersten Begegnung mit einem Menschen besteht die Gefahr der Übertragung: Wir begegnen eventuell alten Ängsten und Verletzungen und projizieren sie auf den Text. Dadurch können wir zu einem kritischen Gespräch mit ihm herausgefordert werden oder aber uns den Zugang gänzlich versperren. Für manche Praktiker der Bibelarbeit besteht daher die Aufgabe, die erste Phase vor allem der Bewußtmachung solcher Projektionen zu widmen. Konsequent nennen sie die Phase auch «projektive Phase».
Zweifellos werden unreflektierte Übertragungen den Blick für neue Erkenntnisse und die Chancen einer echten Begegnung verstellen. Oft ist aber der Text so fremd, daß zunächst durch behutsame Einstimmung und kreative Annäherung an den Text die Neugier geweckt werden muß, damit Freude am Gespräch mit einem noch Unbekannten entstehen kann. In jedem Fall muß Gelegenheit gegeben sein, vorhandene Kritik, Zustimmung, Vorbehalte, negative und positive (!) Übertragungen ohne Scheu auszusprechen.
Für das Miteinander der Gruppe ist wichtig, daß ihre Mitglieder ermutigt werden, «Ich» zu sagen und zu sein. So wird von Beginn an die eigene Wahrnehmung ernstgenommen und zugleich in eine fruchtbare Beziehung zu den Wahrnehmungen der anderen gesetzt.
Die erste Phase wäre überfordert, wenn sie schon den ganzen Text in seiner Vielgestaltigkeit in den Blick nehmen wollte. Sondern sie soll zunächst wie ein Lächeln oder ein freundlicher Händedruck zum kennenlernenden Verweilen ermutigen.

Wohl aber sollte in ihr schon der ganze Mensch in die Begegnung einbezogen werden. Dem dienen kreative und ganzheitliche Methoden. Sie erleichtern auch eine vertrauensvolle Öffnung der Gruppenmitglieder füreinander.

2. «Den Bibeltext kennenlernen»

Jetzt soll der Text die Chance bekommen, sich selbst ins Spiel zu bringen – damit wir die Chance bekommen, ihn zu verstehen und weit mehr als bloß oberflächlich kennenzulernen. Er hat seinen eigenen, kostbaren Charakter, sein Gesicht, seine Gestalt; er hat eine schützenswerte unverwechselbare Individualität. Erst wenn dem Rechnung getragen und der «Persönlichkeit» des Textes Raum gegeben wird, kann er für uns ein ernsthafter Gesprächspartner werden.
Seine Sprache und Struktur, seine Bilder, seine Aussagen und Intentionen, seine Erfahrungswelt – all dies gilt es zu entdecken und auszuloten. Wir werden uns daher mühen, dem Text geduldig zuzuhören, seine Fremdheiten auszuhalten, und erst dann Stellung beziehen, wenn wir ihn möglichst gut verstanden haben.
Wir wenden uns also ganz dem Text zu. Dabei sind zunächst die Teilnehmerinnen und Teilnehmer (TN) der Bibelarbeitsgruppe an der Reihe. Je selbständiger sie mit dem Text umgehen, je mehr Beobachtungen und Entdeckungen sie selbst machen und im Gespräch austauschen, desto tiefer und bleibender sind die Erkenntnisse.
Die Kunst der Leitung wird darin bestehen, zugleich Anwalt des Textes und der TN zu sein. Durch gezielte Impulse, Beobachtungshinweise, Arbeitsanleitungen, Fragenkataloge usw. wird der Leiter/die Leiterin (L) den TN das eigene Kennenlernen ermöglichen.
Diese Aufgabe hat Vorrang vor Zusatzinformationen und umfassenden fachlichen Erklärungen. Nur im Ausnahmefall wird eine vorangestellte Information gegeben, um den Text vor Irrtümern und Mißverständissen zu schützen. Ist das Erarbeitete

z.B. Teil eines größeren Zusammenhangs, der für das Kennenlernen unverzichtbar ist, wird dieser erläutert.
Durch gemeinsame Nutzung bewährter Methoden der historischen Exegese werden in dieser Phase auch das Selbstvertrauen und die Kompetenz der «Laien» gefördert. Und auch in der 2. Phase bedürfen mehr kognitive Zugangsweisen der Ergänzung durch kreative und emotionale Methoden. Ein einfühlendes Erspüren der Erfahrungswelt der Texte kann in neuer und bereichernder Weise ein tieferes Verstehens erschließen.

3. «Mit dem Bibeltext weitergehen»

Die dritte Phase versucht, den Text ins eigene Leben «hinüberzuziehen«. Die gewonnenen Erkenntnisse sollen auf unsere Alltagswelt übertragen, ihre Konsequenzen bedacht und Konkretionen angestrebt werden.
Lebensbezogene Bibelarbeit intendiert, daß wir durch die Begegnung mit dem biblischen Wort und miteinander verändert werden. Das Gehörte und Bedachte, das Erspürte und Anrührende soll, wie vorläufig auch immer, Gestalt gewinnen – auch außerhalb der Bibelarbeit. So können wir in unserem Sein und Handeln anders werden. Solche Veränderungen geschehen in einem Zusammenspiel von Denken, Wollen und Fühlen. Sie bahnen sich, oft mühsam und gegen Widerstände, aus zunächst diffusen Wahrnehmungen und Regungen ihren Weg hin zu neuen Einsichten, veränderten Gefühlen, zu Willensentschlüssen.
Diese leitende Intention lebensbezogener Bibelarbeit gilt es festzuhalten, auch wenn sie natürlich im Einzelfall in kleine Münze gewechselt werden muß.
Auch in der dritten Phase soll durch die Wahl geeigneter Methoden den verschiedenen Dimensionen unseres Bewußtseins Genüge getan werden, um die Ergebnisse zu vertiefen und anzueignen. Im Gespräch oder in Stille, mit spielerischen oder kreativen Methoden werden die Früchte aus der Begegnung mit dem biblischen Wort gesammelt. Manches wird zu-

nächst zeichenhaft erlebt oder spielerisch vorweggenommen, bis es im «rauhen Alltag» seinen Platz findet. Die Botschaft von damals wird so ein Wort für uns und heute.
Oft wird es zu unterschiedlichen Ergebnissen bei den einzelnen TN kommen. Der (in den beiden ersten Phasen schon eingeübte) offene Austausch schützt dabei vor Individualisierung und Privatisierung und hält die Möglichkeit offen, daß die ganze Gruppe vom Text angesprochen wird und zu einer gemeinsamen Aktion findet.
Was schon für die beiden ersten Phasen gilt, wird hier nun besonders deutlich: Die erhoffte Erneuerung (Röm 12,2) ist nicht planbar, schon gar nicht durch Methoden mach- oder beherrschbar. Sie bleibt erbetenes und von Gott in Freiheit gewährtes Geschenk. Er ist es, der unser Bemühen segnet und den biblischen Text zum Lebenswort macht.

Bewährte Methoden

Die aufgeführten Methoden werden den einzelnen Phasen des Drei-Phasen-Modells zugeordnet. Es ist nur eine kleine Auswahl aus der Fülle, die Sie in der Literatur finden können.
Die Kriterien für die Auswahl waren:
- sie sind erprobt und bewährt;
- sie passen auf möglichst viele biblische Texte;
- sie sind ohne großen technischen Aufwand durchführbar;
- sie sind für Leiter/in und Gruppe einübbar und «stetig», d.h. sie verbrauchen sich nicht durch Wiederholung, sondern gewinnen dadurch eher noch an Vertrautheit und Wirksamkeit.

Die Methoden sind im Prinzip frei kombinierbar. Aber nicht jede Methode paßt zu jedem Menschen. Deshalb wird L sie auch individuell auswählen. Und in der Gruppe muß die Absprache sein: Wer bei einer Methode nicht mitmachen oder sich nicht mitteilen möchte, hat die Freiheit dazu – und läßt den anderen aber auch die Freiheit, mitzumachen!

Noch einige Hinweise:

1. Lebensbezogene Bibelarbeit braucht Zeit; es sollen mindestens anderthalb, besser zwei Stunden zur Verfügung stehen. Es gibt auch gute Erfahrungen damit, sich wirklich viel Zeit zu gönnen und einen Bibelnachmittag oder Bibeltag (z.B. samstags) zu gestalten.
2. Welches Zeitmaß jeder einzelnen Phase zugebilligt wird, ist nach Gruppe und Text unterschiedlich: Mal braucht es eine längere «Anwärmphase», mal reichen ein paar Minuten; manche Texte erfordern eine lange Textarbeit, andere sind schnell verständlich; mal ist viel Zeit für die Vertiefung nötig, mal nur ein paar Minuten zum Schweigen.
3. Die Gruppengröße sollte 30 Personen nicht überschreiten, weil sonst ein Gespräch im Plenum sehr erschwert ist. Ideal sind zwölf bis zwanzig TN.
4. Die Methoden setzen bei ungeübten Gruppen z.T. relativ ausgeprägte Vorgaben der Leitung voraus. Dies steht zunächst in einem Widerspruch zum Anliegen der «Herrschaftsfreiheit». Ziel muß es sein, die Gruppe zu einer immer ausgeprägteren Mündigkeit zu «führen», die Leitung also zunehmend überflüssiger zu machen.
5. Eine wichtige Anregung gibt das Stichwort «Verlangsamung»: Lassen Sie sich und den TN Zeit für die einzelnen Schritte. Wählen Sie Methoden, die es den TN ermöglichen, in die Tiefe zu gehen und nicht zu rasch über Einzelheiten hinwegzuhuschen. «Weniger ist mehr.» Wenn die TN eine Sache verinnerlicht oder ein Beispiel verstanden haben, ist das als Ziel für eine Bibelarbeit durchaus hinreichend. Das Interesse an großen Zusammenhängen ist legitim. Reines Überblickswissen führt aber oft zu Oberflächlichkeit und zu Distanz. Daher soll dem exemplarischen Lernen und einer echten Aneignung viel Raum gegeben werden.

1. Begegnen und Öffnen (zur ersten Phase)
Die erste Phase dient dazu, miteinander in der Gruppe und mit dem Bibeltext «warm zu werden». Schon ein gemeinsames Singen oder ein kurzer Austausch über die Erlebnisse des Tages helfen, sich aus der Vereinzelung heraus zusammenzufinden und auf die Bibelarbeit einzustimmen.
Die Methodenwahl richtet sich nach der Größe der Gruppe, nach der Vertrautheit der TN untereinander und nach dem Schwierigkeits- oder Bekanntheitsgrad des Bibelabschnittes.

- *Lesen*

Das Lesen des Bibeltextes kann methodisch vielfältig gestaltet werden.
Vorlesen. Eine/r liest den Bibeltext laut vor. Die TN hören ihn zunächst nur (eventuell mit geschlossenen Augen). So wird die lesende Wahrnehmung vorbereitet.
In verteilten Rollen lesen. Die TN übernehmen einzelne «Personen» und lesen vor, was sie sagen; eine/r ist der Erzähler; alle übrigen sind «das Volk» oder «die Jünger». Das Lesen in verteilten Rollen läßt die Dynamik des Textes aufscheinen.
Da in den vielen Bibelausgaben (z.B. der Lutherbibel) wörtliche Rede nicht gekennzeichnet ist, ist es den TN manchmal nicht sofort klar, wer an der Reihe ist, und das Lesen «hakt». Sehr gut eignet sich die neue «Gute-Nachricht-Bibel» (1997) für das Lesen in verteilten Rollen, denn die wörtliche Rede ist mit Anführungszeichen versehen. Zudem bietet diese Bibelausgabe eine gelungene Kombination von Texttreue und Verständlichkeit.
In verschiedenen Übersetzungen lesen. Die Vielzahl der Übersetzungen ist ein Reichtum, der hier genutzt wird: Der Text wird in einer Übersetzung laut gelesen, die TN lesen in anderen Übersetzungen still mit. Manche Texte, z.B. Psalmen, können auch in verschiedenen Übersetzungen gleichzeitig laut gelesen werden – die Worte variieren, der Rhythmus jedoch vereint sie.

Laut und in Bewegung lesen. Diese uns zunächst fremde Art zu lesen kann so eingeführt werden: «In vielen Kulturen, zum Beispiel im Judentum, lesen die Menschen nicht stumm im Sitzen, sondern laut und in Bewegung. Das wollen wir aufnehmen. Ich bitte Sie, mit Ihrer Bibel in der Hand im Raum umherzugehen und den Text halblaut vor sich hin zu lesen. Wenn Sie fertig sind, fangen Sie wieder vorne an. Es wird ein ziemliches Gemurmel im Raum geben, und beim Gehen werden Sie immer wieder auch mithören, was andere gerade lesen.»
Eine reizvolle Variante ist es, die TN zu bitten, den Vorbeikommenden einen Satz aus dem Bibeltext zuzuraunen.
Oder: Wenn die TN den Text etwa zweimal gelesen haben, wird als Aufgabe in das Gemurmel hinein gesagt: «Betonen Sie nun die Sätze oder Worte, die Ihnen besonders wichtig erscheinen.»
Wenn der Bibeltext sehr lang und unbekannt ist, sollte er vor dem Lesen in Bewegung schon einmal in der Gruppe gelesen werden.

- *Was spricht mich an?*

Jede/r TN wählt nach dem ersten Hören oder Lesen ein Wort (einen Satz) aus, das ihn/sie besonders anspricht. Es folgt eine Zeit der Stille. Dann sagen die TN in die Stille «ihr» Wort (und nur das!) laut hinein. Die entstehenden Pausen gehören notwendig dazu.

- *Meine Geschichte mit der Geschichte*

Oft ist es ertragreich, nach dem Lesen des Textes eine Zeit der Besinnung einzuräumen: Wo ist mir dieser Abschnitt schon begegnet, welche Erinnerung verbinde ich damit? Nach einer Weile werden die TN gebeten, sich in Zweier-/Dreiergruppen darüber auszutauschen.

- *Auf die Gefühle achten*

Nach dem Lesen lauschen die TN zunächst einmal in sich hinein: Welche Gefühle löst der Bibeltext bei mir aus? Ein (freiwilliger) Austausch schließt sich an. Dies ist besonders bei Bibeltexten angebracht, die auf unsere Gefühle zielen (z.B. Psalmen oder Verheißungen), aber auch bei solchen, die bei den TN Erschrecken, Angst oder Ekel wachrufen können (z.B. Isaaks Opferung, 1. Mose 22).

- *Welche Stimme höre ich?*

Diese Variante eröffnet vor allem bei bekannten und bei ethischen Texten (z.B. Dekalog, Jakobusbrief) einen guten Einstieg. Der Text wird gelesen, und die TN fragen sich: Wessen Stimme höre ich, wenn ich diese Worte höre (Vater, Lehrerin, Pfarrer, Oma)? Wie klingt sie (werbend, schroff, freundlich, verärgert)? Auch hier schließt sich ein freiwilliger Austausch an.

Diese Methode hilft, Projektionen auf den Bibeltext (z.B. Ablehnung, Abneigung) aufzuspüren und sie als Übertragungen wahrzunehmen. So wird der Weg freier für eine neue Begegnung mit dem Text. Zugleich tauchen Aspekte auf, denen in der Textanalyse nachgegangen wird.

- *Erfahrungen nachspüren*

Manche Bibeltexte setzen allgemein-menschliche Erfahrungen voraus. Die TN werden auf die Beschäftigung mit ihnen eingestimmt, indem sie sich erinnern, wann sie selbst eine solche Erfahrung gemacht haben (z.B. als Einstieg zum «Verlorenen Schaf»: «Wann haben Sie das letzte Mal etwas verloren? Wie ging es Ihnen dabei?»). Die TN tauschen sich über ihre Erfahrung aus. Erst dann wird der Bibeltext gelesen.

- *Symbole verwenden*

Die Bibel ist voll von Symbolen: Brot, Weg, Hand, Wasser . . . Sie können uns sinnenfällig (auch: fühlend, riechend, schmekkend!) Zugänge erschließen. Der Einstieg mit den Symbolen läßt sich vielfältig gestalten:

- als Erinnerung, z.B: «Welche Rolle spielt/e Brot in meinem Leben?»;
- als Schreibmeditation, z.B.: Auf ausgeschnittenen «Fußspuren» können die TN für sich wichtige Stationen ihres Lebensweges notieren;
- als Betrachtung, z.B.: Die TN schauen sich ihre eigenen Hände an: Was können sie, was brauchen sie . . .?;
- als Besinnung, z.B.: Wann kommen Sie täglich mit Wasser in Berührung?

Auch hier schließt sich das Lesen des Textes erst an die vorlaufende Reflexion an.

Ein sinnenhaft wahrnehmbares Symbol kann auch im Raum vorhanden sein, z.B. frischgebackenes, duftendes Brot.

- *Annäherung mit Bildern*

«Ein Bild sagt mehr als tausend Worte!» Und deshalb sind Bilder auch ein guter Einstieg für die Bibelarbeit: Postkarten / Fotos / Bilder liegen auf einem Tisch (die beste Anzahl: TN-Zahl mal drei). Die TN werden gebeten, sich ein Bild zu suchen, das ihrer Meinung nach zu der biblischen Geschichte paßt. Sie zeigen einander die Bilder und begründen ihre Wahl.

Diese Methode kann sich an das Lesen des Textes anschließen. Sie kann es aber auch vorbereiten, wenn die TN zum Thema des Bibeltextes Bilder wählen. Wer Fotos aus Zeitungen und Katalogen ausschneidet und auf einen Karton (Din-A4/A5) klebt, bekommt rasch eine große Sammlung.

2. Erkunden und Verstehen (zur zweiten Phase)

Ziel ist es, den TN Gelegenheit zu geben, möglichst viele eigene Beobachtungen und Entdeckungen zu machen – denn was selbst erarbeitet ist, wird eher behalten. Impulse und Informationen von L sollen den Weg dorthin nicht verstellen oder überflüssig machen, sondern ihn eröffnen und begleiten.

- *Västerås-Methode*

Diese Methode zur Textarbeit stammt aus der gleichnamigen schwedischen Stadt. Sie ist sehr einfach durchführbar, erschließt schnell die «Knackpunkte» eines Textes und bereitet ein Gespräch vor. Ein Vorteil: Alle TN beschäftigen sich intensiv mit dem Bibeltext, und die Fragen der TN bekommen ihren Raum. Die Västerås-Methode ermöglicht auch sprech- und schreibungeübten Gruppen die Beteiligung an einer gemeinsamen Textarbeit.

Die TN erhalten den Bibeltext auf einem Blatt und bearbeiten ihn mit den drei Zeichen !, ? und *. Sie markieren damit am Rand des Textes:

! Diese Stelle halte ich für besonders wichtig.

? Diese Stelle verstehe ich nicht.

* Diese Stelle berührt mich (ärgert mich, freut mich, . . .)

Jedes Zeichen kann mehrfach verwendet werden.

Die TN arbeiten zunächst für sich. Danach bilden sie Kleingruppen, in denen sie sich austauschen, wo sie !, ? und * verwendet haben. Vielleicht klären sie ja in der Kleingruppe auch schon einige Fragen.

Im Plenum wird der Text dann Vers für Vers und Zeichen für Zeichen durchgesprochen, die Fragen miteinander oder von L geklärt, die «Hauptsachen» herausgestellt.

- *Bludesch*

Diese Methode ist nach dem Ort Bludesch in Österreich benannt. Voraussetzung für die Durchführung sind Fähigkeit und Bereitschaft, die eigenen Gedanken schriftlich zu äußern. Die Zeit des Schreibens intensiviert die Beschäftigung mit dem Text. Die Gefahr, etwas zu «überlesen» oder nur «über den Text» zu reden, wird vermindert.

Der ausgewählte Bibeltext wird langsam und deutlich vorgelesen. Alle sollen ihn zunächst hören, nicht sofort lesen. Dann wird der Text in der Bibel aufgesucht. Alle beantworten nun schriftlich die fünf Fragen:

1. Was ist die zentrale Aussage?
2. Was verstehe ich nicht?
3. Welche Zusammenhänge lassen sich erkennen?
4. Wo kann ich zustimmen? Wo bin ich nicht einverstanden?
5. Was kann ich/können wir konkret tun?

Es folgt ein Austausch. Alle lesen das Aufgeschriebene vor, jeweils zu einer Frage; die unterschiedlichen Ergebnisse werden zunächst nur wahrgenommen. Danach können einzelne Aspekte in der Gruppe vertieft und diskutiert werden.
Wenn die TN nicht einzeln schreiben mögen, bedenken sie die Fragen in Kleingruppen. Eine/r notiert die Ergebnisse und liest sie beim Plenumsgespräch vor.
Spannend wird es, wenn das Ergebnis zur fünften Frage «protokolliert» wird und beim nächsten Treffen geschaut wird, was daraus geworden ist.

- *ZOPPA*

Eine andere Methode, einen Bibeltext zu untersuchen, heißt nach den Anfangsbuchstaben der fünf Leitworte «ZOPPA».
Z*eit* – Was wird über die Zeitumstände erkennbar?
O*rt* – An welchem Ort findet das Geschehen statt?
P*ersonen* – Welche Personen sind involviert? Was tun sie? Was sagen sie? Wie ist ihre Beziehung untereinander?
P*robleme* – Welche Fragen, Probleme, Themen werden erkennbar? Werden sie beantwortet/gelöst? Wenn ja, wie? Wenn nein, warum nicht?
A*nwendung / Konkretion* – Was kann der biblische Text für uns bedeuten?
Die TN arbeiten zunächst für sich, teilen dann ihre Erkenntnisse mit. Im Plenum werden Fragen beantwortet und (wenn nötig) Impulse gesetzt.

- *Leitfragen*

Viele biblische Geschichten enthalten unterschiedliche Inhalte und erfordern unterschiedliche Auslegungsmöglichkeiten. Sie

können nicht alle in einer Bibelarbeit bedacht werden. Deshalb kann es sinnvoll sein, einen Bibeltext nur unter einem bestimmten Gesichtspunkt zu betrachten und die anderen Aspekte auszublenden. Leitfragen können die «einseitige» Analyse unterstützen.
Es sollten zwei oder drei Leitfragen für die Textarbeit formuliert werden, die auf den gewählten Aspekt hinweisen, z.B. «Wo sagt der Bibeltext etwas zu . . .?»; «Was sagt der Text aus über . . .?» Die TN suchen die entsprechenden Verse auf und stellen den genauen Wortlaut fest. Sie finden heraus, was der Text zu dem gewählten Gesichtspunkt aussagt.

- *Überschriften*

Bei einem langen Text ist es hilfreich, ihn zu gliedern und den Abschnitten Überschriften zu geben. Dies kann in Einzelarbeit, in Kleingruppen oder im Plenum geschehen. Besonders fruchtbar ist die Diskussion in einer Kleingruppe und der anschließende Vergleich der Ergebnisse im Plenum.

- *Strukturen erkennen*

Wie beginnt eine Geschichte, wie endet sie? Was passiert dazwischen? Wer tut was mit wem? Wer spricht mit wem? Um solche Beziehungen zu erkennen und dadurch ein Bild der Textstrukturen zu gewinnen, gibt es verschiedene Möglichkeiten:
Graphisch. Mit dieser Methode kann auf verschiedene Weise gearbeitet werden: in Einzelarbeit mit einem Blatt, in Gruppen mit Tapetenrollen, im Plenum mit Hilfe eines Overhead-Projektors.
Die TN versuchen, die Geschichte nachzuzeichnen:
- Welche Personen kommen vor? Sie werden mit Kreisen/Symbolen oder als Strichmännchen dargestellt.
- In welcher Beziehung stehen sie zueinander, wie intensiv ist ihr Kontakt? Die Beziehungen werden, je nachdem, durch dicke, dünne, gezackte, unterbrochene Striche dargestellt.

– Was wird durch diese Zeichnung sichtbar? Die TN tauschen sich aus.

Nachstellen. Bauklötze, Playmobil-Figuren oder Puppen eignen sich wunderbar, um die Strukturen biblischer Geschichten darzustellen. Es werden z.B. die Eingangs-, eine Mittel- und die Schlußszene der Geschichte mit den Figuren/Steinen nachgestellt (so beginnt die Geschichte von der Heilung des Mannes mit der verdorrten Hand, Mk 3,1-6, in einer gefüllten Synagoge, aus der zum Schluß die Pharisäer und Schriftgelehrten ausziehen). Die Beziehungen der Personen werden sichtbar und Entwicklungen erkennbar.

Gestalterisch. Auch durch gestalterisches Umsetzen (Collage, Malen usw.) lassen sich die Strukturen einer Geschichte offenlegen. Zu Mk 3,1-6 können z.B. die Gesichter der Beteiligten dargestellt werden: Welchen Gesichtsausdruck hatten die Pharisäer zu Beginn und zum Schluß der Begegnung? Wie sah das Gesicht des Mannes mit der verdorrten Hand vor und nach der Heilung aus?

- *In die Einzelheiten gehen*

Unter dem Stichwort «Verlangsamung» werden aus dem Bibeltext Stichworte, Bilder o.ä. herausgesucht, mit denen sich eine intensive Beschäftigung lohnt. Dies kann z.B. heißen, daß wir die Bedeutungsvielfalt eines Begriffs anhand der Konkordanz heraussuchen. Dies kann aber auch heißen, daß jede/r eine Messerspitze voll Sandkörnern bekommt und die Körner zählt; dadurch wird es möglich, das Ausmaß der Abrahamsverheißung «Nachkommen wie Sand am Meer» (1. Mose 22,17) zu ahnen. Oder zur Salbung Jesu (Mk 14, 3-9) bekommen die TN einen Tropfen duftendes Öl auf die Hand, um selbst zu spüren, wie es riecht und sich anfühlt.

- *Expertengruppen*

Oft gibt es zu einem Bibeltext Varianten oder Parallelen. Hier ist es hilfreich, mehrere Kleingruppen zu bilden, die sich jeweils mit einem anderen Text beschäftigen (z.B. beim Sabbatgebot: eine «Exodus-» und eine «Deuteronomium-Gruppe»; beim synoptischen Vergleich: eine Gruppe für jedes Evangelium oder für je einen Vergleich, also eine Markus/Matthäus- und eine Markus/Lukas-Gruppe). Sie werden so zu «Experten» und stellen dann den übrigen «ihren» Text vor. Unterschiede und Gemeinsamkeiten werden leicht erkennbar.

- *Input*

Die Gruppe kann nicht alles und jedes am biblischen Text selbst entdecken. Manchmal braucht sie einen weiterführenden Anstoß zum Gespräch. L wird daher gelegentlich einen «Input» in Form eines Gesprächsimpulses oder einer Information geben.
Eine *Information* beschränkt sich auf einen wichtigen Gedanken. Sie soll angemessen knapp eingebracht werden. Die TN haben danach Zeit zu Rückfragen. Erst wenn die Information «verdaut» ist, kann eine weitere folgen.
Ein *Impuls* lenkt das Gespräch in eine bestimmte Richtung. Er kann als Frage formuliert sein oder als thesenhafter Gedankenanstoß.
Wichtig ist, daß jeder «Input» reflektiert und zielgerichtet eingebracht wird und die Bedürfnisse der TN im Blick bleiben.

- *Rahmengeschichte*

Viele Geschichten lassen sich besser verstehen, wenn ihr Hintergrund berücksichtigt wird. Die TN erhalten zuvor Informationen über die Lebensumstände, die politische Lage, die Strukturen in der Entstehungszeit des biblischen Textes; diese Informationen wurden von L oder von TN zusammengestellt.
Die TN erfinden in Kleingruppen «ihre» Rahmengeschichte: Wer erzählte/verfaßte den biblischen Text damals für wen, wo und warum?

- *Identifikation*

Die Geschichte wird aus der Perspektive einer oder mehrerer der beteiligten Personen nacherzählt. Die TN beschäftigen sich dabei intensiv mit ihr und arbeiten Hintergrundinformationen ein. Diese Methode bietet sich an, wenn mehrere handlungstragende Personen in einer biblischen Geschichte vorkommen (z.B. Nabots Weinberg, 1. Kön 21; Vom Vater und seinen beiden Söhnen, Lk 15).

Einstimmung. Die Geschichte wird in verteilten Rollen oder «laut in Bewegung» (s.o. S. 64) gelesen.

Vorbereitung. Zu jeder Person wird eine Kleingruppe gebildet. Jede Kleingruppe erhält die Aufgabe, sich darauf vorzubereiten, im Plenum die Begebenheit aus ihrer Sicht zu erzählen. Die Gruppe liest den Text genau, versucht, Hintergrundinformationen zu «ihrer Person» zu erlangen (z.B. mit einer Erklärungsbibel, einem Bibellexikon oder einer Konkordanz). L sollte für Rückfragen ansprechbar sein.

«Ich bin». Im Plenum erzählt jede Kleingruppe ihren Part. Wichtig ist, daß jede in der Ich-Form spricht: «Meine Name ist . . ., ich habe erlebt . . .»; oder: «Wir wurden Zeugen, als . . .»).

Fragerunde. Nachdem jede «Person» erzählt hat, kann sich eine Fragerunde anschließen, in der jeweils eine «Person» von den anderen TN genauer befragt (auch: hinterfragt) werden kann. Vielleicht entwickelt sich daraus ein Streitgespräch der verschiedenen Gruppen/Personen.

Abschluß. Nun verlassen die TN bewußt ihre Rollen. Wenn «es heiß her ging», sollten die TN aufstehen und ihre Rolle regelrecht mit den Händen vom Körper abstreifen oder sich ausschütteln. Diese bewußte Beendigung der Identifikation ist wichtig, damit die TN wieder Distanz für die Auswertung finden.

Auswertung. Nun sprechen die TN darüber, was ihnen an der Geschichte deutlich wurde, was für sie besonders eindrücklich war und was sie neu entdeckten.

- *Inszenierung*

Spielerische Formen wie die «Inszenierung» sind besonders zu empfehlen für Bibeltexte mit viel Bewegung, in denen Menschen aufeinandertreffen, streiten, umherziehen wie Heilungs- und Wunderberichte, Begegnungserzählungen (z.B. Josias Reform, 2. Kön 22). Je komplizierter das Beziehungs- und Bewegungsgeflecht, desto besser! Für die Inszenierung sind (ohne Auswertung) mindestens zwanzig bis dreißig Minuten zu veranschlagen.
Das Ziel dieser spielerischen Methode ist es, mit dem ganzen Körper und in Bewegung eine biblische Geschichte nachzugestalten. Die TN vollziehen die äußeren Bewegungen der Geschichte nach. Dadurch werden ihre Struktur, die Beziehungen und der Ablauf deutlicher. Im Spiel kann sich auch die innere Bewegung der Geschichte erschließen. Dieses Ziel muß den TN zuvor vermittelt werden: «Wir spielen, weil uns das Spiel hilft, den Sinn des Bibeltextes und seine Botschaft besser zu verstehen.»
Viele Menschen scheuen sich vor einer Inszenierung und der szenischen Darstellung. Daher muß dafür die Hemmschwelle gesenkt werden. Dazu gehören Vorübungen, aber auch die beiden Hinweise: «Wir stellen die Szene nach, um sie besser verstehen zu können» und: «Sie müssen im Spiel nichts selbst erfinden. Sie müssen keinen selbsterfundenen Text sprechen und stellen nur nach, was in der Bibel steht.» Wenn die TN im Anschluß an das szenische Nachstellen nochmal «freier» spielen wollen, ist es dann ihre Entscheidung!
Wichtig ist auch: Es gibt bei der Inszenierung keine Zuschauer, alle spielen mit. Wer keine «tragende Rolle» übernehmen und sich zurückhalten möchte, wird gebeten, z.B. einen Passanten in der Volksmenge zu spielen. Er ist dann zwar auch «nur Zuschauer», aber doch in die Spielgemeinschaft integriert. Das gibt denen Sicherheit, die aktiv mitspielen: Sie werden nicht «von außen» beobachtet.
Vorübungen. Diese «Aufwärmübungen», wie sie auch im

Theater durchgeführt werden, müssen nicht sein – sie machen aber viel Spaß und können das Spielen erleichtern. Die TN bewegen sich, achten aufeinander, es wird gelacht, man berührt sich gelegentlich, der Raum wird vertraut – die TN werden lokker, verlieren ihre Hemmungen.

- Die TN gehen im Raum umher und sehen sich um: Wie groß, wie hoch ist der Raum? Was ist wo zu sehen?
- Die TN gehen mal schnell, mal langsam durch den Raum; L gibt die Tempoanweisungen.
- Die TN gehen im Raum umher und versuchen, dabei eine/n TN im Blick zu behalten; anschließend sollen sie zwei, dann drei TN im Blick behalten (das ist gar nicht so leicht, fördert aber die Gruppenwahrnehmung).
- Die TN lesen die Geschichte laut und für sich, sie gehen dabei im Raum herum (vgl. oben S. 64).

Spielorte. Im Raum werden nun die Spielorte festgelegt und mit schlichten Requisiten eingerichtet (z.B. bei der Heilung des Mannes mit der verdorrten Hand, Mk 3,1-6, liegt an der Stirnseite der Synagoge eine Schriftrolle). Der Phantasie sind keine Grenzen gesetzt. L muß in der Vorbereitung allerdings überlegen, welche «Bestandteile» eines Ortes für das Verstehen unverzichtbar sind (z.B. die Fremdgötter-Bilder im Tempel bei «Josias Reform»).

Rollenverteilung. Nun geht es an die Rollenverteilung. Dies geschieht freiwillig («Wer möchte . . . sein?»). Meist ergibt sich alles problemlos, da es immer einige TN gibt, die eine «exponierte» Rolle spielen möchten, und andere, die sich eher zurückhalten wollen. Erfahrungsgemäß ist es oft schwierig, die «Jesus»-Rolle zu besetzen. Dann ist der erneute Hinweis hilfreich, daß es nicht um Schauspielerei geht, sondern darum, den Bibeltext nachzustellen. Die Akteure werden ein wenig verkleidet (z.B. Mk 3, 1-6: die Schriftgelehrten bekommen einen Stift in die Hand; Jesus und den Jüngern werden Tücher umgelegt).

Spiel. L führt Regie, liest den Bibeltext versweise (oder sinnabschnittsweise) laut und langsam vor, entscheidet, wann der nächste Vers bzw. Abschnitt gelesen wird und ermutigt die TN. Die TN vollziehen die Bewegungen der Geschichte mit: Sie gehen oder stehen, handeln oder schauen, wenden sich zu oder ab. Der erste Spiel-Durchgang ist meist noch etwas verkrampft; manches muß ja erst ausprobiert werden. Deshalb ist es lohnend, noch ein zweites Mal zu spielen, vertrauter und befreiter. Wenn die TN es wünschen, kann sich auch ein freies Spiel anschließen: Die TN spielen ohne die strenge Bindung an den Wortlaut der Bibel; sie formulieren auch ihren Text selbst und bestimmen, wann es weitergeht. Auch dieses freie Spiel kann wiederholt werden.

Spiel-Ende. Auch bei einer Inszenierung ist es wichtig, daß die TN ihre Rollen bewußt verlassen.

Rückblick. Er steht unter der Frage: Wie habe ich das Spiel erlebt? Ziel ist es, daß die TN ihre Lust und ihren Frust am Spiel aussprechen können – es geht nicht etwa um eine psychologische Deutung, z.B. der Rollenwahl und des Spielverhaltens! Sollte das Gespräch in diese Richtung verlaufen, muß es L stoppen.

Das ist der entscheidende Unterschied zwischen der Inszenierung und dem «Bibliodrama», die oft verwechselt bzw. vermischt werden:

«Bibliodrama» ist eine Form der Psychotherapie. Es geht darin um Selbsterfahrung. Deshalb werden die Rollenwahl und das Spielverhalten der TN im Anschluß an das Spiel intensiv ausgewertet: Warum habe ich welche Rolle gewählt? Wie habe ich sie gespielt? Warum habe ich mich in meiner Rolle so verhalten? Was sagt das über mich / mein Wesen / mein Problem aus? Für das therapeutische Bibliodrama ist eine gründliche, mehrjährige Ausbildung erforderlich.

Diese Form des Bibliodramas als Psychodrama ist hier nicht gemeint. Deshalb darf es zwar einen Rückblick auf die gespielte Inszenierung geben. Es müssen aber alle Versuche einer psychologischen Ausdeutung gestoppt werden. Warum jemand welche Rolle wie ausgefüllt hat, wird nicht hinterfragt. Es ist so, wie es ist, gut. Und im Gegensatz zum Bibliodrama steht nicht das Verstehen meiner selbst, sondern das Verstehen des Textes im Mittelpunkt des Spielgeschehens.

Analyse. Ein zweiter Gesprächsgang zielt dann auf die Analyse:

- Was habe ich vom biblischen Text verstanden?
- Welche Fragen sind sichtbar geworden?

Die aufgekommenen Fragen werden geklärt, die erkannten Strukturen und Inhalte noch einmal deutlich zusammengefaßt.

● *Körperübung*

Manche Bibeltexte (wie Ps 130 oder die Heilung der verkrümmten Frau, Lk 13) können besser erschlossen werden und das Verstehen kann intensiviert werden, wenn der Körper die Bewegung nachvollzieht. Die Körperübung nimmt Leib und Seele in die Analyse mit hinein.

Einleitung. Den TN wird erklärt, daß es sich bei der Körperübung um eine zwar ungewohnte, aber durchaus ertragreiche Arbeitsform handelt. Außerdem werden die TN um gegenseitige Rücksichtnahme gebeten: Sie sollen in jedem Fall ihre Augen schließen, damit die anderen geschützt sind und sich niemand beobachtet fühlt. Ob und wie intensiv die einzelnen TN teilnehmen, entscheiden sie selbst. Dies wird auch von L nicht kontrolliert, da natürlich auch L die Augen schließt bzw. sich zum Lesen von der Gruppe abwendet.

Die Übung ist aber auch ertragreich für die, die nicht «körperlich» mitmachen, sondern dabei sitzen: Sie hören den Bibeltext mehrfach, sinnen ihm nach und stellen sich vielleicht auch im Geiste vor, wie sie einen Vers ausdrücken würden.

Vorbereitung. Die TN suchen sich im Raum ihren Ort. Sie rekken, strecken, bewegen, schütteln sich dort ein wenig. Dann schließen sie die Augen.

Körperhaltungen finden. L führt die TN langsam durch den Text hindurch. Die TN hören zunächst einen Vers, bedenken

ihn und lassen ihn in sich wirken. Dann probieren sie, dazu eine Körperhaltung zu finden. Sie suchen ihre Haltung und verharren eine Weile darin. L läßt ihnen Zeit. Nach einer Weile liest L den folgenden Vers. Wieder suchen und finden die TN ihre Haltung. Die nächsten Verse folgen, bis die TN zum ganzen Abschnitt ihre Haltung bzw. Bewegung gefunden haben.
Nun wird die Körperübung wiederholt: Der Text wird noch einmal, etwas zügiger, gelesen; die TN nehmen ihre Haltungen wieder ein. Diesmal werden ihre Bewegungen flüssiger. In diesem zweiten Durchgang fühlen sich die TN sicherer als im ersten. Er dient dazu, die Erfahrung zu festigen und zu intensivieren.
Zum Abschluß der Körperübung werden die TN gebeten, langsam wieder die Augen zu öffnen, sich dabei zu bewegen, die Arme zu recken.
Rückblick. Nun schließt sich ein Gespräch an: Wie habe ich die Übung erlebt? Wie ging es mir dabei?
Auswertung. Die Körperübung dient dem Verstehen des Textes. Sie ist ein Instrument der Analyse. Deshalb schließt sich die Frage an: Was habe ich in der Übung vom Bibeltext verstanden?

3. Aneignen und Mitnehmen (zur dritten Phase)

Die Methoden «zum Mitnehmen» dienen dazu, daß die TN Gedanken, Erfahrungen, Impulse aus dem Bibeltext festhalten, umsetzen, intensivieren, einüben.
L muß in der Vorbereitung entscheiden, ob eine gezielte thematische Vertiefung vorbereitet wird (z.B. mit Material für eine Spielszene) oder man diese Phase frei gestaltet, damit die TN (z.B. im Schweigen) für sich ihren eigenen Gedanken nachgehen können.
Danach wird sich die Methodenwahl richten. Es empfiehlt sich, eine längere und eine kürzere Variante vorzubereiten, damit Zeitverzögerungen aus dem bisherigen Verlauf aufgefangen werden können.

Etliche der Methoden, die wir für die dritte Phase vorstellen, sind sehr individuell. Es soll aber auch darauf geachtet werden, daß das besondere Gegenüber der Bibel, die Gemeinde, in den Blick kommt. Dazu dienen die Methoden, die die Gemeinschaft betreffen.

- *Klangbild*

Diese Methode ist besonders für Psalmen und andere Texte mit geprägter Sprache geeignet. Ein Klangbild zu gestalten, dauert nicht lange. Es ist eine einfache und dennoch sehr bewegende Form (und auch gut für Gottesdienste geeignet).
Jede/r TN wählt den Vers/Satz, der sie/ihn besonders anrührt bzw. als gutes Wort in die eigene gegenwärtige Lebenslage spricht. Dann liest L den gesamten Abschnitt laut und langsam vor. Die TN lesen jeweils «ihren» Vers/Satz laut mit. Auf diese Weise ergibt sich das «Klangbild»: Es wird hörbar, wo der Text uns hier und heute besonders nahe ist.
Eine Erweiterung: Die TN notieren «ihren» Vers auf einem Zettel, den sie zur Erinnerung mitnehmen und so buchstäblich «in ihr Leben tragen».

- *Symbole aufnehmen*

Gibt es im Bibeltext ein eindrückliches Symbol oder Bild, so kann dies zur Verinnerlichung fruchtbar gemacht werden. Ein Symbol wie Stern, Hand, Fuß wird gemalt, kopiert und ausgeschnitten. Die TN schreiben einen Gedanken/Vers, der ihnen besonders wichtig geworden ist, darauf. Wenn die TN nicht schreiben möchten, können sie ihren Satz auch «mit den Augen aufschreiben» (also rein gedanklich). Sie teilen einander ihren Gedanken/Vers mit und legen ihren Zettel in der gestalteten Mitte (s.u., S. 89), unter einem Kreuz oder vor einer Kerze ab. Später nehmen sie ihr Symbol mit nach Hause.
Kommt im Bibeltext ein «greifbares» Symbol wie Stein, Samenkorn oder Traube vor, kann es an alle ausgeteilt werden.

- *Eine Geste finden*

Die TN sollen eine symbolische Geste, eine «typische Handbewegung» zu dem Bibeltext finden. Sie suchen sie zunächst für sich selbst, probieren und variieren sie. Dann zeigen sie einander ihre Gesten und erklären sie.

- *Denkmal*

Dies ist eine gemeinschaftliche Aufgabe für die ganze Gruppe bzw. für Kleingruppen: Die TN errichten zu dem Thema des Bibeltextes ein fiktives Denkmal, z.B. ein «Standbild» zur Fußwaschung (Joh 13,1-17). Damit wird die Zentralaussage erkennbar «auf den Sockel gestellt».

- *Eine Situation für heute spielen*

Die TN bereiten in Kleingruppen eine Spielszene vor. Ihr Arbeitsauftrag lautet: «Wie können wir die Botschaft des Bibeltextes in unserer Zeit darstellen?» oder «Wie könnte sich die biblische Geschichte bei uns abgespielt haben?» Jede Gruppe spielt ihre Szene, z.B. eine Hilfsaktion in Verbindung mit dem barmherzigen Samariter (Lk 10,25-37), den anderen vor.
Für das Überlegen, Proben und Vorspielen braucht es Zeit; es sollten gut 30 Minuten eingeplant werden.

- *Zeichenhandlung*

Viele Bibeltexte geben Anstöße, um im Anschluß an die Analyse etwas zeichenhaft zu tun. So wird z.B. aus Legosteinen oder Schuhkartons eine Kirche gebaut (zu Mk 10 «Wie nach Markus die Kirche sein soll»), etwas miteinander gegessen (z.B. Brot zur «Speisung der 5000«), etwas weitergegeben (z.B. eine Kerze zu «Ich bin das Licht der Welt»).

- *Schweigen*

Vielfach ist Schweigen die beste Form, eine biblischen Geschichte und das, was sie in mir anrührt, zu vertiefen. Die gemeinsame Stille, das sprachfreie Innehalten, ist etwas sehr

Kostbares, besonders für die Menschen in unserer lauten Zeit. Diese Methode ergibt kein sichtbares «Ergebnis», aber alle nehmen schweigend das biblische Wort auf, geben ihm Raum.

Schweigeminute. Dies ist die einfachste Form. «Wir schweigen miteinander eine Minute lang und bedenken darin: Was war mir am Bibeltext wichtig? Was hat mich angerührt?»

Für eine Schweigeminute ist immer Zeit. Wenn z.B. die Textanalyse länger dauerte als geplant, kann so die dritte Phase damit kurz aber dennoch wirkungsvoll gestaltet werden.

Schweigemeditation. In der schweigenden Meditation eines biblischen Textes geht es darum, sich für eine begrenzte Zeit in der Stille zu konzentrieren und sich Gott hinzuhalten.

Dem entspricht eine besondere Sitzhaltung: «Wir sitzen vorn auf dem Stuhl, der Oberkörper ist aufgerichtet. Wir dürfen die Hände in den Schoß legen. Die linke Hand liegt obenauf; die Daumen berühren sich. Die Augen bleiben offen; sie blicken ruhig nach vorne auf den Boden, ohne etwas zu fixieren.»

In das Schweigen wird ein Wort oder ein Satz aus dem biblischen Text mitgegeben. «Versuchen Sie, in der Stille immer wieder zu diesem Wort / Satz zurückkehren. Es werden sicherlich auch andere Gedanken kommen, und Sie werden abschweifen. Wenn Ihnen das auffällt, legen Sie diese anderen Gedanken im Geiste neben sich auf den Boden ab und kehren Sie zu dem Wort / Satz zurück.»

Das ausgewählte Bibelwort soll positiv als Zuspruch formuliert sein («Der Herr ist mein Hirte»). Negativ Formuliertes (auch: «Fürchte dich nicht»!) kann nicht nur bei depressiv Veranlagten bedrückende Gedanken auslösen oder verfestigen.

Das Schweigen kann mit kurzen Singsprüchen (z.B. aus Taizé) eingeleitet und beendet werden. Nach dem Schweigen können sich die TN recken und strecken. Es ist auch gut, danach im Stehen zu singen.

Für TN, die dem Schweigen gegenüber Vorbehalte haben, kann ein Satz wie «Wenn Ihnen das schweigende Sitzen schwer fällt, lehnen Sie sich zurück und genießen einfach die Ruhe» entlastend sein.

- *Bildbetrachtung*

Ein Bild kann Gedanken und Aspekte eines Bibeltextes vertiefend zusammenfassen. Die Bildbetrachtung findet mit einem Dia oder mit einer großformatigen Abbildung statt; die TN können aber auch eine Bildkarte in die Hand bekommen (und anschließend mitnehmen).

Betrachten und hören. Die TN betrachten das Bild zunächst. Dann spricht L oder ein/e TN einen vorbereiteten Text, der Bild und Bibeltext miteinander verbindet.

Stille Betrachtung. Eine Bildbetrachtung kann in Form einer Schweigeminute (oder Schweigemeditation) durchgeführt werden: Die TN sehen das Bild in Stille (und mit konzentrierter Sitzhaltung) an. Sie gehen ihren eigenen Gedanken nach. Am Ende beschließt ein Liedvers die Stille.

Mitteilendes Betrachten. Die TN betrachten das Bild zunächst in Stille. Dann sagen sie in die Stille hinein kurze Sätze oder Worte, die ihnen zu dem Bild einfallen. «Wir diskutieren nicht über das Bild. Wir teilen uns in kurzen Sätzen unsere Gedanken zum Bild mit. Wir lassen immer wieder Pausen eintreten.» Eine Variante: L schreibt die Äußerungen der TN mit und liest sie zum Abschluß der Bildbetrachtung zusammenhängend vor.

- *Körperübung*

Eine Körperübung kann nicht nur als Element der Textarbeit, sondern auch bei der Aneignung eines Bibelwortes hilfreich sein. Es wird nun aber nicht mehr der ganze Text bearbeitet, sondern nur ein Wort oder Vers soll vertieft werden. Zusammen mit dem abschließenden Gespräch sind 20 Minuten nicht zu knapp gerechnet.

Die TN werden eingestimmt und suchen sich einen Platz im Raum (s.S. 76). Nun hören sie ein Wort aus dem Bibeltext (z.B.

«Gott behütet dich»). Sie hören es, bedenken es und lassen es in sich wirken. Dazu läßt L ihnen viel Zeit. Nun bittet L die TN, zu diesem Wort eine Körperhaltung zu finden. Die TN suchen ihre Haltung und verharren eine Weile darin. L muß entscheiden, wie lange die TN verharren.
Fand in der biblischen Geschichte eine Bewegung oder eine Veränderung statt (z.B. bei der Heilung der verkrümmten Frau), suchen die TN zuerst eine Ausgangshaltung und verharren in ihr; dann suchen sie eine zweite, die Abschlußhaltung. Im Anschluß an die Körperübung muß Gelegenheit zum Gespräch sein: Was habe ich erlebt, wie ging es mir? Was ist mir wichtig geworden?

● *Handfestes*
Enthält ein biblischer Text eine konkrete Handlungsanweisung, so fragen die TN in dieser dritten Phase: «Was können wir tun?» Sie nehmen sich einen konkreten Schritt vor. Also nicht: «Was könnte man allgemein und überhaupt tun?», sondern: «Was kann ich / morgen / genau tun?»
Sie notieren ihren Entschluß auf einem Zettel, den sie sich z.B. ins Portemonnaie legen. Vielleicht beginnt die nächste Bibelarbeit mit dem Rückblick: «Wie ist es mir mit meinem Vorhaben gegangen?«

● *Kleine Liturgie*
Manche Bibeltexte fordern uns zu Lob und Anbetung, andere zu Buße oder Fürbitte auf. Dies kann mit kleinen liturgischen Formen aufgenommen und gestaltet werden.
Die TN schreiben ihren Dank, ihr Lob, ihre Klage, ihre Bitte, ihre Beichte usw. auf einen Zettel. Nun können sie ihr Anliegen vor Gott bringen. Ob sie es laut oder in Stille tun, wird ihnen freigestellt. Es kann aber auch in Bewegung geschehen: Die TN legen ihren Zettel still in der Mitte oder unter einem Kreuz ab; oder sie lesen dabei ihr Anliegen vor. Die Gruppe singt dazu

entweder ein passendes Strophenlied oder einen Liedruf (Kyrie, Gloria, Danklied, z.B. aus Taizé).
Am Ende der kleinen Liturgie nehmen die TN ihre Zettel mit, oder L nimmt die Zettel an sich und vernichtet sie.

- *Musik und Tanz*

Lieder, Tänze, Musik vermitteln die biblische Botschaft oft viel tiefgründiger als Worte. Wenn L oder ein/e TN musikalisch oder tänzerisch begabt ist, kann er/sie der Gruppe viel erschließen.

- Zur Verinnerlichung des Bibeltextes werden passende Lieder gesungen.
- Die TN hören Musik, z.B. aus Kantaten und Oratorien zum Bibeltext oder auch moderne Lieder und Instrumentalstükke. Sie lassen ihren Gedanken freien Lauf.
- Auch ein einfacher Schreit-Tanz kann den Bibeltext «einsikkern» lassen: Die TN fassen sich an den Händen und bewegen sich im Pilgerschritt (drei Schritte vor, zwei zurück) zu ruhiger Musik. Geeignet sind z.B. «Air» von Joh. Seb. Bach oder «Kanon» von Joh. Pachelbel. In den Tanz hinein kann L einzelne Worte oder Sätze aus dem Bibeltext lesen.

Weitere Gestaltungsmöglichkeiten

1. Bibelteilen

In den letzten Jahren haben viele Gruppen gute Erfahrungen mit verschiedenen Varianten des «Bibelteilens» gemacht. Es sind sehr einfache Formen lebensbezogener Bibelarbeit. Alle TN können sich mit ihren Erfahrungen und Fragen einbringen und ihre Gedanken und Erkenntnisse miteinander teilen (daher die Bezeichnung «Bibelteilen»). Im Vordergrund steht nicht eine distanzierte Textanalyse, sondern die Bibelarbeit soll die Gemeinschaft fördern und auch zur praktischen Umsetzung des Gelesenen anregen.

«Bibelteilen» ist für viele Bibelkreise eine gute Möglichkeit, um Elemente lebensbezogener Bibelarbeit einzuüben:

- die Stille gibt den TN Gelegenheit, ihre eigenen Gedanken zu finden und zu formen;
- im Aussprechen der Bibelworte lernen sie, sich in der Gruppe mitzuteilen und aufeinander zu hören;
- im Gespräch über ihre eigenen Gedanken machen sie die Erfahrung, daß ihre Meinung gefragt ist;
- im Austausch über die Frage nach dem konkreten Tun wird deutlich, daß Bibelarbeit nicht «abgehoben von der Welt draußen» stattfindet.

Das bekannteste Modell ist *«Bibelteilen in sieben Schritten»*, das in Südafrika entwickelt wurde. Es ist eine meditative und zugleich handlungsorientierte Form der Bibelarbeit. Eine Besonderheit: Es gibt keine Leitung; eine/r achtet lediglich auf die Uhr und darauf, daß die Regeln der sieben Schritte eingehalten werden. Es hat sich bewährt, daß alle TN die sieben Schritte schriftlich vor sich haben.

Gelegentlich empfinden es die TN in unseren deutschen Bibelkreisen als unbefriedigend, daß beim Bibelteilen kein Schritt «Textanalyse» vorgesehen ist. Abhilfe kann die Einfügung eines «Schritt 5 b» schaffen, in dem exegetische Fragen beantwortet werden. Dies geschieht aber nur, wenn die TN zuvor auch solche Fragen gestellt haben. Jemand muß sich also inhaltlich vorbereiten, aber auch bereit sein, das Vorbereitete nicht weiterzugeben, wenn es nicht angefragt wird. «Bibelteilen in sieben Schritten» ist dann auch für L eine gute Gelegenheit, einen offenen, flexiblen Umgang mit der Bibelgruppe zu üben. (In dem Werkheft «Bibel Teilen» von missio werden drei weitere Arten des Bibelteilens beschrieben.)

Wir laden den Herrn zu uns ein. Wir öffnen uns mit einem einfachen Gebet oder Lied für Gottes Gegenwart.

Wir lesen den Text. Wir schlagen Kapitel . . . auf. Wer möchte die Verse vorlesen?

Wir verweilen beim Text. Wir suchen in der Stille Worte oder kurze Sätze aus dem Bibeltext heraus, die uns wichtig erscheinen. Wir lesen sie laut vor. Zwischendurch legen wir Pausen der Stille ein, damit das Wort in uns «einsickern» kann. Wir können dieselben Worte immer wieder in die Stille hinein sagen. Wir kommentieren oder erklären aber nichts. Wir sagen nur Bibelworte in die Stille hinein, keine eigenen Worte. (Dieser Schritt kann ruhig 20 Minuten dauern.)

Wir lassen Gott in der Stille zu uns sprechen. Jemand liest den Text noch einmal vor. Danach schweigen wir drei bis fünf Minuten, damit Gott zu uns sprechen kann.

Wir teilen mit, was uns besonders berührt hat. Wir sagen den anderen, was uns persönlich angesprochen und berührt hat. Wir öffnen uns und teilen einander unsere Gedanken und Erfahrungen mit. Wir fassen uns kurz und diskutieren auch keinen Beitrag, denn alle sollen an die Reihe kommen und ohne Angst vor Kritik reden können.

Wir besprechen, was der Herr von uns will. Wir fragen nach der Beziehung dieses Wortes Gottes zu unserem Leben und unserer Arbeit.

Wir beten. In einfachen Gebeten, laut oder in Stille, können alle ihr Lob, ihren Dank, ihre Bitten, ihre Fragen aussprechen. Wir schließen mit gemeinsamem Gebet und Lied.

2. Psychologische Bibelauslegung in sechs Schritten

Eugen Drewermann hat sechs praktische Schritte vorgeschlagen, um in einer Bibelgesprächsgruppe die Anliegen der psychologischen Bibelauslegung aufzunehmen (Drewermann, 1991, S. 385-387). Sie orientieren sich an der Traum- und Märchendeutung und nehmen deren Prämissen und Hypothesen auf. Für die Chancen und Grenzen einer solchen Bibelarbeit gilt das auf S. 39ff zur psychologischen Auslegung Gesagte.

Wenn eine Gruppe nach diesen sechs Schritten arbeitet, bespricht man nacheinander die einzelnen Fragen. Zuerst sollte jede/r für sich im Bibeltext eine Antwort suchen, die dann im Gespräch mitgeteilt und vertieft wird. Am Ende der Bibelarbeit

wird es kein für alle gültiges Ergebnis geben, sondern jede/r findet ein eigenes Resultat, das dem eigenen Leben und den eigenen Fragen entspricht.
Diese Art der Bibelarbeit ist vor allem für biblische Erzählungen geeignet, in deren Mittelpunkt eine Hauptperson steht (z.B. Heilungsgeschichten). Deshalb werden die sechs Schritte im folgenden am Beispiel des «ungläubigen Thomas» (Joh 20, 24-29) verdeutlicht.

Die Frage nach den unmittelbaren Eindrücken und Gefühlen. Der Bibeltext wird (vor-)gelesen. Die TN haben zunächst keine andere Aufgabe, als sich selbst möglichst genau zu beobachten und in sich hineinzuhören: Welche Gefühle und Eindrücke registriere ich in mir? Freude, Erleichterung, Verträumtheit, Heiterkeit? Oder das Gegenteil: Ekel, Grauen, Rätselhaftigkeit, Unheimlichkeit?
Wenn diese ersten Eindrücke von den TN zusammengetragen werden, kommt meist ein bestimmtes Spektrum von Gefühlen zur Sprache; oft steht auch eine bestimmte Person im Mittelpunkt dieser Gefühle. Auf diese Weise ergibt sich schon ein gewisses inhaltliches Gefälle, das sich in den folgenden Fragen meist verstärkt.
Beispiel: Die Geschichte vom «ungläubigen Thomas» ruft bei vielen TN Ärger über das Verhalten des Thomas hervor, aber auch Ekel über seinen Wunsch, die Wunden Jesu zu berühren.

Die Frage nach den Auffälligkeiten und Besonderheiten. Merkwürdigkeiten, Brechungen und scheinbare Ungereimtheiten weisen auf Knotenpunkte für die Interpretation hin. Die TN sammeln möglichst vollständig, was ihnen auffällt und was ihnen merkwürdig erscheint. Im fünften Schritt werden sie wieder darauf zurückkommen und versuchen, diese Ungereimtheiten als notwendig, angemessen und richtig auszulegen.
Beispiel: Warum war Thomas nicht da, als Jesus das erste Mal kam? Und warum lassen die Jünger Thomas nicht rufen, als Jesus das erste Mal erscheint? Außerdem: Wie kann einer durch geschlossene Türen in ein Haus kommen?

Die Beachtung des Anfangs. Die ersten einleitenden Worte und Sätze werden sorgfältig untersucht, denn sie enthalten oft schon wichtige Informationen über die Hauptperson und ihren Konflikt, der im Lauf der Erzählung gelöst wird.
Beispiel: Thomas wird der «Zwilling» genannt. Wer ist sein Zwillingsbruder, seine Zwillingsschwester? Ein Blick in die Parallelstellen zeigt, daß nirgendwo der andere Zwilling auftaucht.
Die Hypothese der inneren Entwicklung. Die Geschichte wird als Entwicklungsgeschichte der Hauptperson interpretiert: Sie löst ein Problem – wie tut sie das? Sie reift – wodurch geschieht das?
Beispiel: Thomas steht zu Beginn der Geschichte mißtrauisch außerhalb der Gemeinschaft. Er wird in die Gemeinschaft hineingeholt und ein vertrauensvoller Mensch, weil Jesus zu ihm kommt und ihm die Chance dazu gibt.
Vorsichtige Symboldeutungen. Nun ist die große Linie der Erzählung verstanden, und die TN können sich den Beobachtungen des Anfangs sowie den Auffälligkeiten und Merkwürdigkeiten wieder zuwenden. Sie versuchen, diese als Symbole zu verstehen, als Bilder, die auf etwas anderes hindeuten. Im Kontext des bisherigen Auslegungsweges ist es meist leicht, die Symbole zu deuten.
Beispiel: Thomas ist ein «Zwilling ohne Zwilling», d.h. ihm fehlt eine Hälfte in seiner Persönlichkeit: das Mißtrauen hat er, aber es fehlt ihm das Vertrauen. Jesus schafft dieses Vertrauen, indem er «durch die geschlossene Tür», d.h. durch Widerstände hindurch, wundersam auf Thomas zukommt.
Realisierung durch den Vergleich mit eigenen Erfahrungen. Die Geschichte wird nun mit den eigenen Lebenserfahrungen verglichen: Kenne ich das, was die Geschichte erzählt, aus meinem eigenen Leben oder aus dem Leben mir bekannter Menschen?
Durch diesen Schritt werden die Erzählung und ihre Deutung «geerdet», d.h. mit dem alltäglichen Leben verbunden.
Beispiel: «Mißtrauen ist schwer zu überwinden – da muß

schon ein Wunder her, z.B. bei meinem Sohn . . .» – «Auch ich tue mich schwer, Gott zu vertrauen; da bin ich so zerrissen wie der Thomas.» – «Mein Arbeitskollege ist auch so ein Außenseiter; ich will darauf achten, ihn in die Gemeinschaft einzubeziehen.»

Raumgestaltung

Bibelarbeit ist nicht nur vom Text, den Teilnehmenden und den Methoden bestimmt. Bereits der Raum prägt die Bibelarbeit: Er hat eine Ausstrahlung, ein Aussehen, einen Geruch . . . Schon seine äußere Anordnung vermittelt ein «inneres Bild»der Bibelarbeit.
Lebensbezogene Bibelarbeit braucht einen Raum mit einer freundlichen Atmosphäre. Sie ist in den meisten Gemeinderäumen (auch dann, wenn sie nicht top-renoviert sind) mit einfachen Mitteln herzustellen: ansprechende Plakate oder Bilder, intakte Möbel, flexible Beleuchtung.
Lebensbezogene Bibelarbeit wird in der Regel nicht frontal stattfinden, sondern die TN sitzen im Kreis, um zu symbolisieren: Wir sind um die Schrift versammelt, niemand sitzt vorne, es gibt kein «oben» und kein «unten», wir bemühen uns miteinander um Erkenntnis und Lebenspraxis.

1. Stuhlkreis
Ein Stuhlkreis (s.S. 185, Abb. 1) hat viele Vorteile. Er macht sichtbar: Wir verstecken (oder: verbarrikadieren?!) uns nicht, sondern teilen uns mit und tauschen uns aus. Ohne große Umzugs- und Umbaumaßnahmen können Kleingruppen gebildet werden.
Er hat aber auch Nachteile, zunächst praktischer Art: Wenn etwas zu schreiben ist, fehlt ein Tisch. Den Schreibblock auf den Knien zu balancieren, fällt manchen Menschen schwer. Es können aber für Schreibaufgaben auch einige Tische im Raum plaziert werden.

Gravierender ist es, daß ein Stuhlkreis auf manche Menschen psychischen Druck ausübt: Ich bin nicht mehr geschützt, alle schauen mir auf die Schuhe, wohin mit meinen Händen . . . Dieser Druck entsteht nicht, wenn es im Stuhlkreis eine gestaltete Mitte gibt.

2. Gestaltete Mitte

In der Mitte des Stuhlkreises liegt ein runder Teppich oder eine Tischdecke, darauf z.B. bunte Tücher und die aufgeschlagene Bibel, eine Kerze und Blumen. Vielleicht liegen auch Gegenstände in der Mitte, die zum Bibeltext passen.

Die gestaltete Mitte hat zunächst die Funktion eines Blickfangs: Die TN schauen auf die Mitte und starren einander nicht auf die Schuhe. Die Mitte lädt zum Meditieren und Verweilen der Gedanken ein. Sie ist ein Ruhepol. Während der Bibelarbeit kann die Mitte einbezogen und verändert werden.

Die Mitte kann auch von den TN gestaltet werden. Sie bietet eine Chance, kreative und künstlerische Gaben der Gruppe zu nutzen.

Eine gestaltete Mitte kann auch den Mittelpunkt eines Tischkreises bilden.

3. Tischkreis

Lebensbezogene Bibelarbeit kann u.U. auch im Tischkreis (s.S. 186, Abb. 2) stattfinden. Es ist jedoch zu bedenken, daß diese Form eher «Seminaratmosphäre» und Distanz assoziieren kann und so manche TN davon abhält, sich zu öffnen.

4. Offener Tischkreis

Für andere schafft ein offener Tischkreis (s.S. 187, Abb. 3) die Möglichkeit, sich in einer guten Mischung von Nähe und Distanz wohlzufühlen. Vorteile hat der offene Tischkreis durch die unkomplizierte Art, in der in der Tischgruppe geschützte Intimität entstehen kann.

Hemmnisse

1. «Bei uns reden die Leute nicht!»
Dieser Satz wird im Zusammenhang mit Bibelarbeit immer wieder geäußert. Die Gegenfrage lautet: «Warum nicht?» Oft ist eine Überforderung der TN oder ein methodischer «Kunstfehler» der Grund.

- Wer den ganzen Tag in seinem Beruf oder in seiner Familie handfest gearbeitet hat, kann nicht ohne weiteres mit fremden Menschen und ohne inneren Anlauf über persönliche und geistliche Dinge sprechen. Es braucht eine persönliche und inhaltliche «Anwärmphase», bevor Menschen reden und sich öffnen können.
- Viele Menschen trauen sich nicht, in einer großen Runde zu sprechen, wohl aber in der Kleingruppe. Aber: Ist die Kleingruppe zu klein (nur 2 bis 3 Personen), kann es auch die Peinlichkeit geben, daß der Redestoff ausgeht und man sich anschweigt. Die ideale Größe für eine Kleingruppe sind 4 bis 7 Personen.
- Oft sind Fragen zu schwer formuliert. Das entmutigt. Je einfacher und eindeutiger eine Frage ist, desto eher öffnet sie das Gespräch.
  Offene Fragen, z.B. «Wie empfinden Sie das?», «Ist es Ihnen schon einmal begegnet, daß . . .?» sind gesprächsfördernd. Geschlossene Fragen, auf die es nur eine «richtige» Antwort gibt, wecken Prüfungsgefühle und sind für ein Gespräch eher hinderlich.
- Viele Gruppen sind das Reden nicht gewohnt. Gab es z.B. über viele Jahre ausschließlich Bibelvorträge, kann nicht erwartet werden, daß die TN plötzlich locker über biblische Themen reden. Dann gilt es, sie allmählich ans Gespräch heranzuführen. Zu Beginn des ersten Treffens werden die TN gebeten, sich einander kurz zu erzählen, was sie den Tag über erlebt haben. Beim nächsten Treffen gibt es einen kurzen Erfahrungsaustausch, der inhaltlich schon auf den Bibel-

text hinführt. Am dritten Abend erhalten die TN dann eine kleine inhaltliche Aufgabe.

- Ein Problem können aber auch die Leiterinnen und Leiter sein. Oft beantworten sie Fragen der TN vorschnell, anstatt sie an die Gruppe zurückzugeben. Manches Mal reagieren sie auf Äußerungen mit Unmut, so daß die TN gehemmt werden. Oder sie beantworten Fragen, die niemand gestellt hat, und kehren damit vor allem ihr Wissen hervor («Im Griechischen steht hier . . .»; «Karl Barth hat dazu gesagt . . .»). Nehmen sie damit die Gedanken, Anregungen, Fragen der TN auf, oder flüchten sie (aus Unsicherheit?) auf das vertraute Terrain ihres Wissens oder ihrer Lieblingsthemen?

2. «Einer redet immer . . .»

Vielrednerinnen, Besserwisser – wie sind sie zu bremsen? Oft nur mit Mühe!

- Kleingruppenarbeit mit «Ergebnispflicht» kann eine Lösung sein: Der Vielredner dominiert dann zwar seine Kleingruppe und trägt im Plenum ihr Ergebnis vor – aber in den anderen Kleingruppen gibt es Luft, und im Plenum kommen auch andere zu Wort.
- Hilfreich ist es, Kleingruppen wechselnd zu besetzen; dann müssen alle einmal mit der Vielrednerin arbeiten, sind aber mehrmals «unbelastet».
- Manche Arbeitsaufträge fördern die Konzentration, indem sie verlangen, sich prägnant auszudrücken (z.B. «Formulieren Sie Ihren Gedanken in einem Satz» oder «Finden Sie dazu ein passendes Wort»). Sollten Vielredner/innen dann immer noch wesentlich mehr sagen, können sie zu Recht mit dem Worten «Wir hatten verabredet, nur *einen* Satz zu sagen» unterbrochen werden.

3. «Wir schreiben nicht!»

Manche Menschen (nicht nur ältere) weigern sich, Fragen schriftlich zu beantworten. Das ist verständlich und ihr gutes

Recht! Denn wann schreibt der normale Mensch im Alltag mehr als Ansichtskarten und Einkaufszettel? Lehrer/innen, Abiturient/innen und Theolog/innen sind es gewohnt, Gedanken schriftlich niederzulegen. Viele Menschen jedoch sind ungeübt und fürchten sich vor blamablen Schreibfehlern. In den meisten Gruppen ist «Schreiben» problematisch oder sogar unangebracht.
Das gilt auch für eine so beliebte Methode wie das «Stille Gespräch», auch «Schreibmeditation» genannt: Dabei sitzen die TN in Gruppen um ein großes Blatt und sollen in Stille ihre Meinung zu einem Thema daraufschreiben; die anderen lesen das Geschriebene und ergänzen ihre Meinung. Diese Methode bereitet oft Unwohlsein, spricht nur eine bestimmte Bildungsschicht an und schließt andere aus.
Wenn Ergebnisse schriftlich festgehalten werden müssen, geschieht das besser in Kleingruppenarbeit. Dort findet sich meistens jemand, der schreiben mag. Oder die Ergebnisse werden im Plenum auf Zuruf von L oder einer/einem TN festgehalten. Sollen die TN dennoch Gedanken oder wichtige Bibelverse aufschreiben, hilft es, ihnen vorher zu sagen, daß die Zettel nicht ausgetauscht werden und die TN anschließend ihren eigenen Zettel mit nach Hause nehmen können.

4. «Ich weiß nichts, und ich kann nichts . . .»

Diese Angst steckt in vielen TN. Manche äußern sie offen, andere nicht. Die Ängste können sich darauf beziehen, etwas intellektuell nicht zu können («Ich brauch' immer so lange, bis ich was verstehe»), aber auch darauf, etwas praktisch nicht mitmachen zu können («Hoffentlich malen wir nicht!»).
Viele Ängste können entschärft werden, wenn L dafür sensibel ist und auf sie eingeht. «Es gibt keine dummen Fragen», ist eine ermutigende Einladung zu Rückfragen. «Oh je, das ist aber wirklich kompliziert, ich wiederhol's nochmal», signalisiert Verständnis für die Komplexität eines Themas.
«Wenn die Methode nichts für Sie ist, brauchen Sie nicht mitzu-

machen!», dieser «Ausweg» gehört bei manchen Methoden mit zur behutsamen Hinführung!

Hilfen zur Vorbereitung einer Bibelarbeit

Die folgenden Schritte haben sich in der Vorbereitung von Bibelarbeiten bewährt. Sie orientieren sich auch am Drei-Phasen-Modell: Ich suche erst meinen eigenen Zugang, informiere mich dann über den Text und plane zum Schluß die Bibelarbeit. Auch die Vorbereitung lebensbezogener Bibelarbeit geschieht in der Haltung, selbst Gutes und Hilfreiches in der Bibel zu finden. Wie die Durchführung, ist auch die Vorbereitung ein geistlicher Weg, auf dem wir durch die Begegnung mit dem biblischen Wort die Begegnung mit Gott erwarten.

1. Mein eigener Zugang
Nach dem ersten Lesen des Bibeltextes nehme ich mir Zeit für die folgenden Fragen:
- Was spricht mich an diesem Bibelabschnitt an?
- Welche bisherigen Erfahrungen habe ich mit diesem Text?
- Welche Motive, Symbole, Themen finde ich?
- Kann ich mich in diesen Text «hinein-imaginieren»?
- Welchen Zugang haben «meine Leute»?

2. Textanalyse
Bei der ersten Analyse des Textes wird besonders auf den Kontext, auf Leitmotive, Wiederholungen und Kontraste geachtet. Gibt es einen Hinweis auf den «Sitz im Leben»? Wo korrespondiert das äußere dem inneren Geschehen?
Es kann hilfreich sein, sich eine Skizze der Beziehungen und der Bewegungen anzufertigen.
Nun wird in Kommentaren, Lexika und Artikeln, auch in Predigthilfen und Modellen zur praktischen Bibelarbeit (Material zur Bibelwoche, Bibelkurse) nach weiteren Informationen zum Bibeltext gesucht.

Die eigenen Entdeckungen werden mit dem Gelesenen verglichen. Es wird ein Ziel für die Bibelarbeit formuliert.

3. Planung der Bibelarbeit
Der Ablauf der Bibelarbeit wird festgelegt. Dabei soll ein inhaltlicher Hauptgedanke wie ein roter Faden durch die drei Phasen führen.
Geeignete Methoden und Lieder werden ausgesucht. Für die einzelnen Schritte wird je nach Erfahrung eine Zeitdauer veranschlagt. Wo könnte notfalls gekürzt werden? Welche alternativen Methoden gibt es? Wie kann die «Mitte» gestaltet werden?
Damit die Bibelarbeit einen guten Abschluß hat, wird ein Segenswort oder ein Lied für den Schlußpunkt gesucht.
Zum Schluß werden Kopien erstellt und das benötigte Material zusammengestellt.

Auf dem Weg

«Eine gute Theorie ist das praktischste, was es gibt» (Lenin). Der Theorie und den Anregungen sollte die Anwendung folgen. Dazu stellen wir im dritten Teil dieses Buches einige Entwürfe von Bibelarbeiten vor. Sie sollen Sie anregen und Ihnen Ideen geben, damit Sie lebensbezogene Bibelarbeit in Ihrer Gemeinde umsetzen und gestalten können.
Wenn Sie an die Realisierung gehen, lassen Sie sich aber bitte nicht von der Fülle der genannten Gesichtspunkte abschrekken. Es genügt für's erste, das aufzunehmen, was für die eigene Situation hilfreich und naheliegend ist.
Zum Glück gibt es in unseren Gemeinden viele Menschen mit guten Bibel-Erfahrungen. Lebens-Erfahrungen kann jede und jeder beisteuern. Und die Bibel selbst enthält erhebliche Überraschungspotentiale, die zu erschließen auch Spaß macht.
Es geht bei der lebensbezogenen Bibelarbeit auch nicht darum, ein «methodisches Feuerwerk» abbrennen zu müssen.

Eine Bibelarbeit ist nicht am Ziel, wenn möglichst viele und möglichst ausgefallene Methoden vorkommen, sondern wenn Menschen vom Bibelwort angerührt werden. Und das kann auf ganz schlichte Weise geschehen.
Das breite Spektrum von Arbeitsformen trägt aber dazu bei, den Reichtum der Schrift auf vielfältige Weise zu erschließen. Die Methoden dienen dem Ziel, «die Bibel ins Leben zu holen».

- Es ist sinnvoll, zunächst möglichst viele eigene Erfahrungen zu sammeln, um sie dann anderen weitergeben zu können, z.B. bei Einkehrtagen und auf Fortbildungen.
- Beziehen Sie einzelne Elemente wie die Schweigeminute oder das Klangbild in den Gottesdienst oder den Seniorennachmittag ein. Schon dies nimmt die Menschen tiefer in den Bibeltext hinein als das bloße Zuhören.
- Es ist empfehlenswert, Neues zunächst im geschützten Raum einer vertrauten Gruppe zu erproben, in der Sie zwanglos etwas Neues ausprobieren können und die Ihnen auch gute Rückmeldung gibt, z.B. Ihren eigenen Hauskreis.
- Es gibt auch gute Erfahrungen im Religionsunterricht (ab der 9. Klasse) mit den Methoden lebensbezogener Bibelarbeit.
- In manchen Gemeinden ist die Bibelwoche eine gute Gelegenheit, lebensbezogene Bibelarbeit einzuführen, für die das Bibelwochen-Material gute Anregungen gibt. Auch «alteingesessene» Bibelgruppen sind bei behutsamem Vorgehen dafür offen.
- Oder laden Sie doch Interessierte zu einem «Projekttag lebendige Bibelarbeit» ein. Wenn Sie ein feedback einplanen, werden Sie wertvolle Rückmeldungen bekommen.
- Arbeiten Sie im Team! Dann liegt die Verantwortung nicht allein auf Ihren Schultern. Das Drei-Phasen-Modell ist ideal dazu – jede Phase übernimmt ein/e andere/r. So wird auch in der Leitung der Bibelarbeit erkennbar: Wir teilen miteinander und werden dabei reicher.

Lassen Sie sich zu lebensbezogener Bibelarbeit ermutigen! Es ist ein Weg der kleinen Schritte. Für diesen und auch für die fol-

genden Schritte gilt: «Aller Anfang ist leicht», wenn ich Naheliegendes nutze und Vorhandenes mutig gestalte.
Wir dürfen wissen: Lebensbezogene Bibelarbeit steht unter der Verheißung aus Jesaja 55 «Mein Wort wird nicht leer zurückkommen». Gott löst dies ein. Er macht aus dem Bibelwort ein Lebenswort.

Denn meine Gedanken sind nicht eure Gedanken,
und eure Wege sind nicht meine Wege,
spricht der Herr,
sondern soviel der Himmel höher ist als die Erde,
so sind auch meine Wege höher als eure Wege
und meine Gedanken als eure Gedanken.
Denn gleichwie der Regen und Schnee
vom Himmel fällt
und nicht wieder dahin zurückkehrt,
sondern feuchtet die Erde
und macht sie fruchtbar
und läßt wachsen,
daß sie gibt Samen, zu säen,
und Brot, zu essen,
so soll das Wort, das aus meinem Munde geht,
auch sein:
Es wird nicht wieder leer zu mir zurückkommen,
sondern wird tun, was mir gefällt,
und ihm wird gelingen, wozu ich es sende.
Denn ihr sollt in Freuden ausziehen
und im Frieden geleitet werden.
Berge und Hügel sollen vor euch her frohlocken mit Jauchzen
und alle Bäume auf dem Felde in die Hände klatschen.
Es sollen Zypressen statt Dornen wachsen
und Myrten statt Nesseln.
Und dem Herrn soll es zum Ruhm geschehen
und zum ewigen Zeichen, das nicht vergehen wird.
(Jes 55,8-13).

III. Beispiele aus der Praxis

Wir stellen Ihnen einige ausgeführte Entwürfe für Bibelarbeiten vor, die Ihnen den Weg in die Praxis ein wenig ebnen sollen. Alle sind nach dem Drei-Phasen-Modell aufgebaut und nehmen verschiedene Gestaltungsmöglichkeiten aus dem Methodenteil auf.

Fünf Bibelarbeiten beziehen sich auf Psalmentexte. Für die Psalmen gilt ja, um Luther noch einmal zu zitieren, daß «ein jeglicher, in welcherlei Sache er ist, Psalmen und Worte darin findet, die sich auf seine Sache reimen und ihm so eben sind, als wären sie allein um seinetwillen also gesetzt». Bibelarbeiten zu Psalmen eignen sich deshalb inhaltlich und methodisch gut als «Einstieg» in lebensbezogene Bibelarbeit.

Wir haben auch zwei Entwürfe aufgenommen, die keine Bibelarbeiten im engeren Sinne sind, sondern die ein kirchengeschichtliches bzw. systematisch-theologisches Thema behandeln – auch diese von manchen als «trocken» empfundenen Themen kann man mit dem Instrumentarium lebensbezogener Bibelarbeit vermitteln.

Und eine Bibelarbeit versucht, Bibel und aktuelle Tagesnachrichten zu verbinden, geht also betont den Weg «vom Leben zur Bibel».

Zunächst aber beschreiben wir als Einführung einen vierteiligen «Schnupperkurs Bibel». Der Name gefällt nicht allen (daran hängt's auch nicht). Aber wir möchten ein kleines, kompaktes Seminar vorstellen, in dem die Anliegen und Methoden lebensbezogener Bibelarbeit in der Form eines begrenzten Projektes kennengelernt werden können.

Schnupperkurs Bibel

Um lebensbezogene Bibelarbeit, das gemeinsame und methodisch vielfältige Bibellesen kennenzulernen und einzuüben, bietet es sich an, für Interessierte einen zeitlich begrenzten Einführungskurs durchzuführen. An vier Abenden können die TN miteinander über die Bibel ins Gespräch kommen. Sie lernen unterschiedliche Methoden des Bibelgesprächs kennen und erfahren, daß auch Texte der Bibel, die zunächst aus der Distanz erlebt werden, in unser Leben hinein wirken können. Die vier Abende finden in der Regel innerhalb von vier Wochen statt; manche Gemeinden haben aber auch gute Erfahrungen damit gemacht, sie auf zwei Wochen zu konzentrieren. Sie können den Schnupperkurs in einer bestehenden Bibelgruppe durchführen – als Erprobung, wie der Gruppe diese Art der Bibelarbeit gefällt. Sie können aber auch offen zu den vier Abenden einladen. Damit kann der Schnupperkurs gut zur Realisierung einer öffnenden Phase in der Gemeindearbeit dienen.
Wenn wir in Gemeinden einen solchen «Einführungskurs» für lebensbezogene Bibelarbeit halten, orientieren wir uns am «Schnupperkurs Bibel», der 1992 von Anneliese Hecht, Referentin beim Katholischen Bibelwerk, für das «Jahr mit der Bibel» erarbeitet wurde. Ihr «Schnupperkurs Bibel» war ursprünglich für Menschen gedacht, die bisher wenig mit der Bibel zu tun hatten, aber auf sie neugierig sind. Sie sollten motiviert werden, der Bibel zu begegnen und dann «mit der Bibel weiterzugehen». Bisherige schlechte Erfahrungen mit der Bibel sollten angesprochen und neue, ermutigende Erfahrungen ermöglicht werden. Außerdem sollte der Kurs Grundwissen über die Entstehung der Bibel vermitteln.
Da der Schnupperkurs Bibel von Anneliese Hecht nach dem Drei-Phasen-Modell aufgebaut ist und viele der in diesem Buch beschriebenen Methoden verwendet, kann er genauso gut eingesetzt werden, *um in lebensbezogene Bibelarbeit ein-*

zuführen. Für dieses Ziel haben wir das «Original» an einigen Stellen modifiziert: Wir haben den ersten Abend so übernommen, wie Anneliese Hecht ihn entwickelt hat, den zweiten bis vierten Abend jedoch anders akzentuiert. Wir empfehlen Ihnen aber das Buch von Anneliese Hecht sehr, da es noch viele weitere gute Anregungen und Ideen enthält.
Der «Schnupperkurs lebensbezogene Bibelarbeit» läßt sich so beschreiben:
Wir verbringen miteinander vier Abende, an denen wir die Bibel neu entdecken wollen. Wir kommen über die Bibel ins Gespräch und versuchen, sie und unser Leben miteinander zu verbinden. Wir wollen gemeinsam neue Formen der Bibelarbeit erproben und ermutigende Erfahrungen mit der Bibel machen.
Der Aufbau:
1. Abend: Meine bisherigen Erfahrungen mit der Bibel
2. Abend: Die Bibel – ein Buch mit einem langen Leben
3. Abend: Die Bibel – ein Buch, das in Bewegung bringt
4. Abend: Die Bibel – auch ein schweres Buch

Für jede Einheit sollten zwei Stunden zur Verfügung stehen.
Am Schluß des Kurses sollte noch Zeit für Rückblick und Ausblick sein: Wie ging es uns mit dieser Art der Bibelarbeit? Und wie soll es weitergehen?
Als Fortsetzung des Schnupperkurses bieten sich z.B. einige Abende zu den Psalmen oder den Gleichnissen Jesu an.

1. Abend: Meine bisherigen Erfahrungen mit der Bibel
Der erste Abend des Schnupperkurses soll die Erfahrungen und Sehnsüchte in Bezug auf die Bibel ansprechen und die Verheißung deutlich machen, die lebensbezogene Bibelarbeit hat. Außerdem werden die TN einige Methoden kennenlernen: Sie sitzen im Kreis um eine gestaltete Mitte; sie werden zum persönlichen Gespräch über die Bibel geführt; die Textarbeit geschieht in Kleingruppen; eine anschließende Besinnung vertieft das Erkannte und verknüpft es mit dem eigenen Leben.

• *Zum Bibeltext (Lk 24,13-35)*

Der Abschnitt der lukanischen Ostergeschichte über die Emmaus-Jünger wurde ausgewählt, weil er der Situation im Schnupperkurs in vielem korrespondiert: Die Emmaus-Jünger hatten Großes und Hilfreiches von Gott erwartet. Sie hatten auch schon viel Kontakt mit der Bibel: Jesus hatte sie ihnen oft ausgelegt und erklärt (das ganze Lukas-Evangelium ist voll davon). Doch dann haben Enttäuschung, Trauer und Verwirrung ihnen den Blick versperrt.

Ein erster Schritt, wie die beiden Jünger sich der Bibel und Gott wieder nähern können, ist, daß sie einander von ihren Enttäuschungen und Hoffnungen erzählen. Jesus kommt dann zu ihnen und hört ihnen erst einmal zu (die Klage der Jünger nimmt ein Drittel der Geschichte ein!). Dann erklärt er ihnen noch einmal alles, was er ihnen schon so oft erklärte – und jetzt spricht es sie an: Das Herz wird warm. Es scheint so zu sein, daß man viele Worte der Bibel oft hören und sie doch nicht wirklich verstehen kann; erst wenn sie in unser Leben, in meine jetzige Situation hinein passen, können sie zu uns sprechen. Dies kann gelingen, wenn eine biblische Erfahrung im Gespräch aufgenommen und auf die eigene Lebenssituation bezogen wird.

Am Ende der «Bibelarbeit», die Jesus mit seinen beiden Jüngern hält, steht die Sehnsucht nach Gemeinschaft. Und aus dem gemeinsamen Mahl wächst dann das Erkennen und die Veränderung.

Die Emmaus-Geschichte ist Sinnbild für das, was im Schnupperkurs geschieht: Wir erzählen einander von unseren Hoffnungen und Enttäuschungen, wir entdecken miteinander, wie biblische Worte in unser Leben sprechen. Und wir erhoffen, daß die Verheißung der Bibelarbeit sich auch bei uns erfüllt: daß wir Gott näher kennenlernen und uns von seinem Wort verändern lassen.

- *Vorbereitung*

Im Raum wird ein Stuhlkreis gestellt. Die gestaltete Mitte besteht aus einer Kerze (sie symbolisiert die Gegenwart Gottes) und einer großen, alten, geschlossenen Bibel. Die Mitte kann mit Tüchern und Blumen geschmückt werden.

Folgende Materialien werden benötigt:

- aus Papier ausgeschnittene Pfeile
- ein dicker Filzstift
- Steine (besser kantig als glattgeschliffen)
- Bibeln (am besten ist es, wenn die TN ihre eigenen Bibeln mitbringen)
- der Bibeltext Lukas 24,13-35 als Kopie (am besten eignet sich die Übersetzung der Guten Nachricht; die Lutherübersetzung ist leider gerade im wichtigen Vers 25 für Nicht-Bibel-Vertraute schwer verständlich, ja mißverständlich); unter dem Bibeltext stehen die Leitfragen für die Textarbeit
- Buntstifte
- Gesangbücher

- *1. Phase: Meine bisherigen Erfahrungen mit der Bibel*

Begegnungen mit der Bibel. Zum Ankommen und Einfinden werden einige Lieder gesungen, z.B. «Wohl denen, die da wandeln» (EG 295) und andere Lieder zum Thema «Wort Gottes» (EG 193-199). Dann werden die TN gebeten, zu überlegen und zu nennen, wo ihnen überall die Bibel begegnet (Kirche und Schule, Todesanzeigen und Grußkarten, Kunst, Literatur und Musik, Fernsehen, Werbung . . .). Die Antworten werden auf Pfeile geschrieben und diese so um die Mitte herum gelegt, daß sie auf die Bibel zeigen (nicht zu nah an die Bibel heranlegen, es wird noch Platz benötigt).

Hindernisse auf dem Weg zur Bibel. Wenn ein Kranz von Pfeilen die Begegnungsmöglichkeiten mit der Bibel aufzeigt, leitet die Bemerkung: «Wenn es so leicht ist, der Bibel zu begegnen, warum sitzen wir dann hier?» zum nächsten Schritt über: Es

gibt ja auch etliche Hindernisse, die uns von der Bibel fernhalten und uns den Zugang zu ihr verstellen.
Die TN werden gebeten, für sich zu überlegen, welche Hindernisse (allgemein und persönlich) ihnen einfallen. Nach einer Weile bekommen alle TN einen Stein in die Hand. Sie sollen nun ein Hindernis auswählen und es den anderen, möglichst in einem Satz, mitteilen (z.B. «Die Bibel ist ein altes Buch und hat nichts mehr mit uns zu tun»; «Wer kann denn diese antiquierte Sprache schon verstehen?»; «Ich bin sehr beschäftigt und habe keine Zeit für die Bibel» usw.). Dabei legen sie ihren Stein in die Mitte zwischen die Pfeile und die große Bibel. Es entsteht ein Wall aus Hindernissen um die Bibel herum.

Meine Beziehung zur Bibel. Die TN nehmen nun eine bzw. ihre eigene Bibel in die Hand. Sie überlegen: Wie geht es mir zur Zeit mit der Bibel? Was erwarte ich von ihr? Was erhoffe ich von ihr? Was hindert mich, mehr in ihr zu lesen?
Nun legen die TN die Bibeln in die Mitte. Sie können dabei versuchen, sie so hinzulegen, daß die Lage etwas von ihrer derzeitigen Beziehung andeutet (eine geschlossene Bibel zeigt: die Bibel ist mir fern; eine Bibel, die an einer bestimmten Stelle geöffnet ist, weist hin auf: dieses Bibelwort hilft mir; eine Uhr auf einer geschlossenen Bibel meint: Ich hätte gerne mehr Zeit für die Bibel).
Während die TN ihre Bibel ablegen, können sie erzählen, wie ihre Beziehung zur Bibel heute ist – sie können aber auch schweigend die Bibel hinlegen.

Die Bibel wird geöffnet. L faßt zusammen, was bisher bedacht wurde und nimmt dabei die Voten der TN auf: «Wir haben viele Begegnungsmöglichkeiten mit der Bibel genannt und auch gesehen, daß es viele Hindernisse gibt. Wir selbst haben große Hoffnungen / nur wenig Erwartungen / mißlungene Versuche mit der Bibel.
Es gibt also geöffnete und verschlossene Zugänge zur Bibel, allgemein und unter uns. Nun wollen wir die alte, geschlossene Bibel in unserer Mitte aufschlagen und sehen, was sie denn

selbst davon erzählt, wie man mit ihr in Kontakt kommen, wie man ihr begegnen kann.
Ich schlage die Bibel bei Lukas 24 auf: dort steht die Geschichte von den Emmaus-Jüngern.»

- *2. Phase: Die Emmaus-Jünger*

Information. Bevor die Geschichte von den Emmaus-Jüngern gelesen wird, werden kurz zwei Informationen vorangestellt: Die Begebenheit fand am Ostersonntag statt, also im Laufe des Tages, an dem Jesus morgens vom Tod auferstanden war. Und: In der Geschichte wird erzählt, wie Jesus «Mose und die Propheten» erklärt – dies bedeutet, daß er den beiden Jüngern die Schriften des Bibelteils auslegte, den wir heute das Alte Testament nennen.
Lesen. Nun wird der Text (Lk 24,13-35) von L vorgelesen und danach noch einmal in verteilten Rollen (Erzähler/in, Jesus, zwei Jünger, die Elf).
Zielgerichtete Textarbeit in Kleingruppen. Die TN teilen sich in Gruppen von je 5-8 Personen auf und versuchen, miteinander zwei Fragen zu beantworten:

- Zu Beginn der Geschichte ist den Emmaus-Jüngern der Zugang zum biblischen Wort verschlossen. Warum?
- Am Ende der Geschichte haben die Emmaus-Jünger die Bibel verstanden. Wie geschieht das?

Die Textarbeit wird erleichtert, wenn die TN mit zwei verschiedenfarbigen Stiften die Antworten im Text unterstreichen.
Auswertung im Plenum. Die Kleingruppen tragen nun ihre Antworten zusammen: Der Zugang zur Bibel ist durch Traurigkeit (V. 17), enttäuschte Hoffnung (V. 21) und Schrecken (V. 22) verstellt. Das Verständnis wird in einem längeren Prozeß geweckt: Sie unterhalten sich über alles, was sie mit Jesus erlebt haben (V. 14). Dann kommt Jesus, und sie können ihm ihre Enttäuschung und Schrecken klagen (V. 19b-24). Er erklärt ihnen situationsbezogen, was in der Bibel steht (V. 25-27). Dann bleibt er bei ihnen und öffnet ihnen schließlich die Augen. Das be-

wirkt die Wende (V. 28.35) und führt sie nun neu in die vorher verlassene Gemeinschaft.

- *3. Phase: Auch uns will Jesus den Zugang öffnen*

Einstimmung. Wie die Emmaus-Jünger haben die TN schon den ersten Schritt getan: Sie haben einander von ihren Hoffnungen und Enttäuschungen erzählt. Nun soll auch Gelegenheit für den zweiten Schritt sein: vor Gott über die Enttäuschungen und geplatzten Hoffnungen zu klagen. Dies geschieht in der geschützten Form der Besinnung. Sie wird folgendermaßen eingeleitet:

Ich möchte unseren ersten Abend mit einer kleinen Besinnung abschließen und Sie darin noch ein wenig mehr in die Emmaus-Geschichte hineinverwickeln. Ich bitte Sie, daß Sie dazu alles aus der Hand legen, sich bequem auf Ihren Stuhl setzen und die Augen schließen. Alles, was Ihnen jetzt im Kopf herumgeht, denken Sie nur für sich. Sie müssen es niemandem mitteilen. Und wenn Sie nichts denken wollen, ist das auch recht; dann genießen Sie einfach die Ruhe.

Besinnung. Vor Jesus klagen.

Die Emmaus-Jünger konnten Jesus alles erzählen, was sie bedrückte. Wie ein liebevoller Freund hatte er gefragt: ‹Was ist denn?›, und sie durften erzählen.

Und wir können auch vor Jesus darüber klagen, was uns enttäuscht hat und weh tut. Jesus ist ja auch bei uns – die Kerze zeigte den ganzen Abend an: Er ist mitten unter uns.

Und nun fragt er mich: Was denn? Was ist denn? Ich darf mit ihm reden, alles klagen, ihm Enttäuschungen und Hoffnungen sagen – und er hört mir zu.

Nun wird eine Zeit der Stille gehalten (3-5 Minuten). Sie wird mit einem Gebet beschlossen:

Herr Jesus, du hörst mich.
Und was ich dir jetzt nicht sagen konnte,
das kann ich dir nachher zu Hause sagen
oder morgen.

Du hörst zu.
Du hast ein offenes Ohr.
Ach, bleib doch bei uns,
damit du unser Leben reich machst.
Der Liedvers/Kanon «Herr bleibe bei uns» (EG 483) schließt den Abend ab.

2. Abend: Die Bibel – ein Buch mit einem langen Leben
Thema des zweiten Abends ist das «Leben» der Bibel: Sie ist ein Buch mit langer Geschichte, und hinter den einzelnen Büchern und Kapiteln läßt sich entdecken, zu welcher Zeit und für welche Menschen sie geschrieben wurden. Viele ihrer Fragen und Sorgen sind auch unsere Fragen und Sorgen. Die Antworten und Erfahrungen der damaligen Menschen können auch für uns hilfreich sein und uns weiterbringen.
Natürlich ist es vermessen, die 3000jährige Geschichte der Bibel in 120 Minuten erklären zu wollen; doch einen kleinen Einblick kann man schon geben.
An diesem Abend werden gebündelte Informationen vermittelt, und der Verstand wird stark angesprochen. Der Tanz am Ende der Bibelarbeit soll die «Kopflastigkeit» ein wenig ausgleichen. Für die Übertragung ins eigene Leben ist an diesem Abend erfahrungsgemäß nicht mehr viel Zeit, doch eine Schweigeminute bietet wenigstens eine kleine Gelegenheit, einen Aspekt des Gehörten für sich bewußt festzuhalten.

- *Zum Bibeltext (Mk 12,28-34; Mt 22,34-40; Lk 10,25-37)*

Die Frage nach dem höchsten Gebot war Inhalt eines Gespräches, das der «irdische» Jesus mit einem «schriftverständigen» Menschen führte. Die drei Evangelisten Markus, Matthäus und Lukas berichten ihren Gemeinden davon. Sie berichten das Gleiche und doch anderes. Denn sie erzählen die Begebenheit aus dem Leben Jesu so, daß sie den Menschen ihrer Gemeinden weiterhilft. Diese Menschen, diese drei Gemeinden sind religiös und sozial anders geprägt. Durch den synoptischen

Vergleich können die TN wesentliche Unterschiede selbst herausarbeiten, die durch L und seine/ihre Kenntnisse der Evangelien ergänzt werden können.

- Die Gemeinde des Markus lebte relativ konfliktfrei neben der jüdischen Gemeinschaft (Hinweis V. 28: Jesus diskutiert «emotionslos» mit dem Schriftgelehrten). Sie war werbend und ging auf den einzelnen zu (Hinweis V. 34: «Du bist nicht fern vom Reich Gottes«).
- Die Gemeinde des Matthäus lebte dagegen wohl in Auseinandersetzungen mit der jüdischen Gemeinschaft (Hinweise V. 34: Jesus hat den Sadduzäern das Maul gestopft; V. 35: Der Schriftgelehrte will Jesus versuchen, hinter's Licht führen). Sie nahm in diesem Konflikt für sich in Anspruch, das Gesetz und die Propheten richtig auszulegen (Hinweis V. 40: das Jesus-Wort stützt ihren Anspruch).
- Die Gemeinde des Lukas bestand sowohl aus einfachen Menschen (Hinweis V. 30 ff: Jesus erzählt sprechend-einfache Geschichten) als auch aus philosophisch Gebildeten (Hinweis V. 25: der Gelehrte fragt nach dem «ewigen Leben»). Die Gemeinde mußte zum «Tun» ermutigt und ermahnt werden (Hinweis V. 25, 28, 37: «Tu das!»)

• *Vorbereitung*

Die Mitte im Stuhlkreis kann für diesen Abend neben Kerze und Bibel (aufgeschlagen bei Mk 12) mit einem Novum Testamentum Graece, einer Biblia Hebraica und eventuell vorhandenen Schriftrollen, Papyrusblättern oder ähnlichem (oft wird man beim KU-Material fündig) gestaltet werden.

Sie benötigen:

- ein Textblatt mit den drei Bibeltexten (Mk 12,28-34; Mt 22,34-40, Lk 10,25-37) und den Aufträgen:
  Unterstreichen Sie mit einer Farbe die Gemeinsamkeiten in den Berichten!
  Unterstreichen Sie mit einer anderen Farbe die Unterschiede.
- Buntstifte

- Kopien des Liedes «Gottes Wort ist wie Licht in der Nacht» (falls es in Ihrer EG-Ausgabe nicht enthalten ist)
- eine Ton-Dia-Reihe über die Entstehung der Bibel, z.B. «Die Bibel – überliefert und gelebt» (TVZ Verlag, Zürich)
- ein Tonpapier-Fries, das die Entstehung des Neuen Testamentes verdeutlicht

Schneiden Sie dazu folgende 15 Elemente aus verschiedenfarbigem Tonpapier aus:

Element 1	Kreuz (schwarz): die Kreuzigung Jesu
Element 2	Sonne (gelb): die Auferstehung Jesu
Element 3-4	zwei kleine Blätter (rot), beschriftet mit «Jesus ist der Herr», bzw. «Jesus ist der leidende Gottesknecht»: Deutung des Todes Jesu mit Hilfe des Alten Testamentes
Element 5-7	drei kleine Blätter (orange), beschriftet mit «Gleichnisse», «Heilungsberichte», «Passion»: erste Sammlungen der Taten und Worte des irdischen Jesus
Element 8-10	drei «Schriftrollen» (grün): die Briefe des Paulus, die katholischen Briefe und die Offenbarung
Element 11-15	fünf «Bücher» (blau): die vier Evangelien und die Apostelgeschichte

• *1. Phase: Ankommen und Informationen*

Ankommen. Die TN singen zwei bis drei bekannte Lieder und lernen das Lied «Gottes Wort ist wie Licht in der Nacht» als Kanon zu singen (s.S. 188, Abb. 4). Im Rückblick wird erinnert, was beim letzten Zusammentreffen geschah.

Heute soll es nun darum gehen zu erkennen: auch die Bibel hat ihre Geschichte, hat ein langes Leben hinter sich. Und hinter dem Aufgeschriebenen können wir bis heute erspüren, welche Menschen mit welchem Alltag dahinter stehen.

Ton-Dia-Vortrag «Die Geschichte der Bibel». Die TN sehen sich den Ton-Dia-Vortrag an. Danach ist kurz Gelegenheit für Rückfragen.
Es geht dabei nicht darum, alle Einzelheiten zu behalten, sondern einen plastischen Eindruck von der Länge und Vielschichtigkeit der Entstehungs- und Überlieferungsgeschichte der Bibel zu gewinnen.
Tonpapier-Vortrag zum Neuen Testament. L erläutert die Entstehung des Neuen Testamentes. (Die ungleich komplexere Entstehung des Alten Testamentes wird «ausgeklammert».) Während des Vortrags werden die einzelnen Tonpapier-Elemente an eine Wand bzw. Tür geklebt, so daß das Neue Testament vor den Augen der TN «entsteht» (s.S. 189, Abb. 5). Ziel ist nicht, daß die TN anschließend Details rekapitulieren können, sondern daß sie anschaulich nachvollziehen: die Entstehung des NT war ein allmählicher Prozeß, der entscheidend von den Gegebenheiten und Fragen der Gemeinden abhing.

Kreuzestod und ***Auferstehung*** Jesu ließen die Jünger nach der Bedeutung dieser Schlüsselereignisse fragen; sie suchten im AT und erklärten sich: Jesus mußte dies erleiden, denn er ist ***«der leidende Gottesknecht»***. Und sie übertrugen den ***Gottestitel «Herr»*** auf Jesus. Damit formulierten sie das erste christliche Bekenntnis und zugleich den Verstehensschlüssel für die Texte des AT, das sie heilsgeschichtlich auf Christus hin auslegten.
Zugleich begannen andere Christen aufzuschreiben, welche ***Heilungen*** Jesus vollbracht und welche ***Gleichnisse*** er erzählt hatte. Auch entstand ein Bericht über die ***Passion***.
Die ersten größeren Schriften des NT sind Briefe, d.h. sie entstanden aus einer besonderen Gelegenheit heraus: ***Paulus*** schrieb sie an Gemeinden, die er gegründet hatte und bei denen er lieber selbst gegenwärtig wäre. Er kann ihnen aber nur brieflich verbunden bleiben.

Später entstanden die ***«katholischen Briefe»***; sie sind Lehrbriefe und allgemein (= katholisch) an alle Christen gerichtet.
Als die Augenzeugen wegzusterben begannen, schrieb der Evangelist ***Markus*** einen Bericht über das Leben Jesu, sein «Evangelium». Einige Zeit später fanden ***Matthäus*** und ***Lukas***, die das Markus-Evangelium kannten, daß das Leben Jesu für ihre Gemeinden mit anderer Akzentuierung und unter Aufnahme weiterer Traditionen erzählt werden muß. Lukas ergänzte noch einen Bericht über die ersten Gemeinden und die Missionstätigkeit des Paulus, die ***Apostelgeschichte***.
Einige Zeit später entstand das ***Johannes-Evangelium***. Als letztes Buch des NT entstand etwa 100 Jahre nach Christi Geburt die ***Johannes-Offenbarung***.

Auch nach diesem Überblick ist etwas Zeit für Rückfragen.

- *2. Phase: Synoptischer Vergleich*

Expertengruppen. Nun sollen die TN selbst auf Entdeckungsreise gehen und nachvollziehen, daß hinter den Bibelworten lebende und konkrete Gemeinschaften mit ihren Problemen und Erfahrungen stecken. Dazu wird das Textblatt verteilt.
Die Gruppe wird in zwei «Expertengruppen» geteilt: die «Markus/Matthäus-Experten» vergleichen die Mk- und die Mt-Version, die «Markus/Lukas-Experten» Mk und Lk.
Zunächste unterstreichen sie in Einzelarbeit mit verschiedenen Farben die Übereinstimmungen und Unterschiede. Anschließend vergleichen sie in der jeweiligen «Expertengruppe» ihre Ergebnisse.
Auswertung. Im Plenum stellt jede Gruppe ihr Ergebnis vor. Dann versuchen die TN, aufgrund ihrer Beobachtungen und mit Hilfe ihrer Phantasie zu umschreiben, welche Situation in den Gemeinden des Matthäus, des Markus und des Lukas

herrschte, was ihre Themen bzw. Konflikte waren. L motiviert dazu und ergänzt eventuell durch Anregungen und Informationen.
Es wird deutlich: Bereits in der Entstehungszeit der Evangelien wurde die Überlieferung der Jesusgeschichten mit der Situation und den Fragen der jeweiligen Gemeinden verknüpft. (Wenn die Gruppe nicht von sich aus die Frage aufwirft, wird auf eine Bewertung der unterschiedlichen Akzentuierungen verzichtet.)

- *3. Phase: Schweigeminute und Tanz*

Schweigeminute. Die TN halten miteinander eine Minute Stille. In der Stille versuchen sie, für sich einen Gedanken festzuhalten, der ihnen heute abend besonders wichtig geworden ist.
Tanz. Zum Schluß wird das Lied «Gottes Wort ist wie Licht in der Nacht» noch einmal gesungen. Wenn man es mit Bewegungen singt, wird der Inhalt des Liedes auch sichtbar. Der Tanz ist ein guter Abschluß gerade dieses Abends, weil neben dem Verstand nun auch der Körper in Bewegung kommt.
«Gottes Wort»: die TN halten ihre Hände wie ein Buch vor sich;
«ist wie Licht in der Nacht»: die TN formen aus ihren Händen eine Schale, in der man sich eine Kerze vorstellen kann;
«Es hat Hoffnung und Zukunft gebracht»: die TN gehen zwei Schritte vor (in die Zukunft);
«Es gibt Trost, es gibt Halt»: die TN fassen sich an den Händen (Halt);
«in Bedrängnis, Not und Ängsten»: die TN schütteln ihre miteinander verbundenen Hände hin und her (Ängste);
«ist wie ein Stern in der Dunkelheit»: die TN strecken die miteinander verbundenen Hände vor und gehen zwei Schritte zurück: der Stern bildet sich.
Zunächst wird das Lied einstimmig gesungen und getanzt. Bei genügend Sicherheit kann es dann auch als Kanon getanzt wer-

den: mit einem größeren Außen- und einem kleineren Innenkreis.

3. Abend: Die Bibel – ein Buch, das in Bewegung bringt

Im Mittelpunkt des dritten Abends steht mit dem Bericht über «Josias Reform» ein Bibeltext, der davon erzählt, wie die Bibel erst einen Menschen, dann mehrere und zum Schluß ein ganzes Volk in Bewegung bringt und verändert. Die Verheißung, daß dies geschieht, hat jede Begegnung mit der Bibel und jede Bibelarbeit. Und der Schnupperkurs will ja nicht zuletzt auch Mut machen, sich selbst durch die Bibel «in Bewegung» bringen zu lassen.
An diesem Abend soll auch die Erfahrung gemacht werden, wie ein Bibeltext, der zuerst «sehr verwirrend» und «schrecklich weit weg» zu sein scheint, durch gemeinsame und methodisch vielfältige Bibelarbeit zunächst verstanden und dann auch ins eigene Leben übersetzt werden kann.

- *Zum Bibeltext (2. Kön 22)*

Josias Reform wird in das Jahr 622 v.Chr. datiert. Bei Renovierungsarbeiten wurde im Tempel ein «Gesetzbuch» gefunden. Es handelt sich wohl um den Kern des Deuteronomiums (5. Mose), das möglicherweise um 722 v. Chr. von Flüchtlingen aus dem untergehenden Nordreich Israel mit nach Jerusalem gebracht wurde. Aufgrund dieses Buchfundes läßt Josia die Fremdgötterstatuen im Tempel zerstören und vernichtet alle Kultstätten, die anderen Göttern als dem Gott Israels geweiht sind. Josia verbietet auch die bis dahin übliche Praxis, dem Gott Israels an diversen Heiligtümern überall im Lande zu opfern und setzt Jerusalem als einzig legitimen Ort für den Opfergottesdienst fest. Diese Reformen entsprechen den Forderungen des Deuteronomiums.
2. Könige 22 f berichtet, daß nicht nur der König, sondern auch das ganze Volk diese Reformen unterstützte, so daß es zu einem neuen Bundesschluß mit Gott kam.

Josia ist nach und neben David der einzige König Israels und Judas, der dem strengen Urteil des deuteronomistischen Geschichtswerks Stand hält und als ein König gelobt wird, der «tat, was dem Herrn wohlgefiel» (2. Kön 22, 2). Deshalb wird er mit dem Privileg ausgezeichnet, nicht persönlich miterleben zu müssen, wie seine Angehörigen und das Volk durch die Babylonier vernichtet werden (2. Kön 22, 20). Denn der deuteronomistische Erzähler weiß ja sehr wohl, daß die Reform des Josia nicht lange Bestand hatte, ja, daß selbst Josia in den Strudel der Unheilsgeschichte hinein gezogen wurde: Er starb bei der Schlacht um Meggido im Kampf gegen Pharao Necho.

● *Vorbereitung*

Es werden neben Bibeln bzw. Kopien von 2. Kön 22 auch DIN A 6-Blätter in drei Farben gebraucht.
Für die Inszenierung der Geschichte sollten einige Utensilien bereitliegen, z.B.:

- zwei große Tücher (Tischdecken) für König Josia und den Hohenpriester Hilkija
- ein Stift für den Schreiber Schafan
- diverse Tücher für Hulda und die Gesandten
- eine Schriftrolle oder ein Buch
- ein Gegenstand, der eine Aschera-Statue symbolisert (dies kann eine große Pflanze, eine Vase oder ein Bild sein)

In die gestaltete Mitte können neben Bibel und Kerze auch einige Utensilien gelegt werden, die im Verlauf des Abends für die Inszenierung gebraucht werden (z.B. eine Schriftrolle).

● *1. Phase: Konfrontation mit dem Bibeltext*

Die TN finden sich ein, singen einige Lieder und erinnern sich miteinander, was an den vorangegangenen beiden Abenden im Mittelpunkt stand.
L führt dann in das Thema des Abends ein:
Heute soll es um einen Abschnitt der Bibel gehen, der berichtet,

wie ein Teil der Bibel Menschen im Bewegung brachte und veränderte.
L liest daraufhin 2. Kön 22 (zunächst nur dieses Kapitel!) vor und bittet die TN anschließend, in kurzen Stichworten zu sagen, wie sie das Gehörte empfunden haben. Die Reaktionen sind meist: «Sehr verwirrend» – «So viele Namen!» – «Was hat denn das mit uns zu tun?»

- *2. Phase: Inszenierung von «Josias Reform»*

L erklärt den TN:
Diese Geschichte gehört zu denen, die man am besten versteht, wenn man sie nachstellt, d.h. wenn man Orte, die Personen, ihre Bewegungen und Handlungen regelrecht wie einen Film vor den Augen ablaufen läßt. Dies wollen wir nun tun. Sie brauchen keine Angst zu haben: Keiner von Ihnen muß etwas sprechen oder gar schauspielern. Wir wollen lediglich in unseren Bewegungen das Handeln der Personen nachstellen.
Orte der Handlung. Zunächst werden die Orte der Handlung festgelegt und eingerichtet:
- Haus des Herrn: Es wird überlegt, wo im Raum der Tempel sein soll (wenn dort eine Säule wäre, wäre das optimal) und wie er eingerichtet ist. Die TN nennen, was hineingehört (z.B. Bundeslade, Altar). L plaziert die Gegenstände entsprechend, die das symbolisieren (z.B. einen Tisch, eine Kerze). Außerdem war der Tempel, wie 2. Könige 22 berichtet, eine Baustelle! Das wird z.B. durch umgelegte Stühle dargestellt. Und, was die TN aus Kapitel 22 nicht entnehmen können: Es standen Fremdgötterbilder im Tempel wie die «Aschera-Statue» (2. Kön 23, 6) – eine große Bodenvase beispielsweise könnte sie verdeutlichen. Vor dem Tempel standen Pferde für den Sonnenkult (2. Kön 23,11) – vielleicht können sie auch symbolisiert werden?!
- Königspalast: Die TN legen fest, wo er sein soll. Ein Stuhl, mit einem Tuch geschmückt, wird als Königsthron hingestellt.
- Haus der Hulda: Die Prophetin Hulda wohnte «im zweiten Be-

zirk der Stadt», also in der Neustadt. Die TN legen fest, wo das sein soll. Durch einen Stuhl o.ä. wird Huldas Haus angezeigt.
- Höhenheiligtümer: Außerdem werden einige «Höhenheiligtümer» eingerichtet (z.B. auf Tischen entlang der Wände).

Personen. L bittet die TN, jeweils eine Person darzustellen. Sie werden mit Gegenständen «ausgezeichnet».
- Der König Josia bekommt einen Thronmantel.
- Der Hohepriester Hilkija erhält einen Priestermantel.
- Der Schreiber Schafan hat einen Stift.
- Die Prophetin Hulda erhält ein Kopftuch.
- Den Begleitern von Schafan und Hilkija (Ahikam, Achbor, Asaja) werden Tücher um die Schultern gelegt.

Einige TN übernehmen die Rollen von «Ältesten von Juda und Jerualem». Alle anderen sind «das ganze Volk».
Je nach Gruppengröße müssen einige Rollen unbesetzt bleiben. In jedem Fall aber sollte es Josia, Hilkija, Schafan, einen Begleiter und Hulda geben. Unbedingt sollten dann noch TN übrigbleiben, die das Volk darstellen. Wenn die Gruppe zu klein ist, um genügend Rollen zu besetzen, könnte die Geschichte auch mit Playmobil-Figuren auf einem Tisch nachgestellt werden. Dies ist allerdings nicht so eindrücklich, wie sie selbst darzustellen.
Hulda geht nun in ihr Haus, Hilkija in den Tempel, Josia, Schafan, Ahikam, Achbor und Asaja in den Königspalast.
Alle anderen TN begeben sich in eine Ecke des Raumes.

Nachstellen. L liest Kapitel 22 vor, und die TN tun immer genau das, was «ihre» Personen tun. Josia schickt Schafan in den Tempel. Hilkija überreicht ihm das Buch. Schafan geht zum König und liest es vor. Josia schickt Hilkija, Schafan, Ahikam, Achbor und Asaja zu Hulda.
L liest nun weiter aus Kapitel 23: Die fünf kehren zurück in den Königspalast und ziehen dann zum Tempel. Alle Einwohner Judas kommen zusammen, und Josia liest das Buch vor. L nennt einige der Themen des 5. Buches Mose: «Du sollst den Herrn, deinen Gott, allein lieben». – «Du sollst keine anderen Götter

neben ihm verehren». – «Du sollst deinen Gott nur an einem Ort anbeten.»
Josia tritt nun «an die Säule», das ganze Volk tritt «in den Bund» – und dann beginnt das «Aufräumen»: Die Aschera-Statue wird entfernt, die Höhenheiligtümer zerstört . . . Die Bewegungen werden im wahrsten Sinne «lebhaft».
Auswertung. Der Raum wird wieder in seinen früheren Zustand versetzt. Die TN tauschen sich aus, was sie durch das Nachstellen an der Geschichte verstanden haben. L gibt, wenn gewünscht, weitere Informationen.

- *3. Phase: Reform bei uns?*

Gespräch in kleinen Gruppen. L leitet nun über zu der Frage, wo die Bibel uns in Bewegung setzt.
Damals, das haben Sie selbst gesehen, brachte die Bibel Menschen in Bewegung: erst einen, dann fünf, schließlich alle. Und aus der Bewegung wurde eine große Reform, fast eine Revolution – damals. Und heute?
Die TN finden sich in drei Gruppen zusammen. Eine Gruppe spricht darüber, wo sie sich im persönlichen Leben Veränderung durch die Bibel wünscht. Die zweite Gruppe hat «Veränderung durch die Bibel in unserer Gemeinde» als Thema. Und die dritte Gruppe diskutiert darüber, wohin die Bibel unsere Gesellschaft in Bewegung bringen will und kann. Dabei werden jeweils Hoffnungen bzw. Chancen und Befürchtungen bzw. Risiken miteinander verglichen.
Austausch und Gebet. Die Gruppen notieren ihre Ideen, Anregungen und Fragen auf verschiedenfarbigen Zetteln und stellen sie anschließend im Plenum vor. Die Zettel werden um die Mitte herum gelegt. L nimmt die Anliegen der TN in das abschließende Gebet auf.

4. Abend: Die Bibel – auch ein schweres Buch

Es gibt in der Bibel auch Texte, mit denen wir nicht leicht klarkommen. Am vierten Abend soll Gelegenheit sein, beispielhaft einem solchen schwierigen Text zu begegnen: der «Opferung» bzw. «Nichtopferung Isaaks». Und auch wenn im Laufe der Bibelarbeit nicht alles Unbehagen völlig weichen wird, können wir es doch in der Gruppe aussprechen, miteinander teilen und aushalten – und dennoch mit der Bibel weitergehen. 1. Mose 22 ist auch ein Beispiel dafür, wie ein Bibeltext in jeder Epoche der Geschichte Israels neu und anders gedeutet wurde. Diese Bedeutungsvielfalt ist für uns Heutige ein Schlüssel zum Verstehen. Denn Bibeltexte sprechen zu unterschiedlichen Zeiten verschieden zu den Menschen. Das bedeutet auch: Ein Bibelabschnitt, der mir heute Probleme macht, kann in einer anderen Lebenslage für mich durchaus tröstend, ermutigend oder aufrüttelnd werden.

- *Zum Bibeltext*

Die Geschichte von Isaaks (Nicht-)Opferung ist im Kern sehr alt und viele Jahrhunderte mündlich weitergegeben worden. Die vorliegende schriftliche Fassung stammt von einem hervorragenden Schriftsteller. Mit prägnanter Sprache hat er eine spannende Geschichte mit dramatischer Zuspitzung formuliert. Wie durch ein «Zoom-Objektiv» schildert er immer detaillierter, bis er in Vers 9 durch knappe Verben die Spannung schier unendlich steigert – um sie in Vers 11 durch die Anrede mit einem Schlag aufzulösen.

Zu verschiedenen Zeiten wurde 1. Mose 22 unterschiedlich gedeutet und verstanden.
1. In der Nomadenzeit lebte Israel zwischen Völkern und Religionen, in denen die Opferung des erstgeborenen Sohnes durchaus vorstellbar oder gar üblich war. Abraham erfuhr dagegen, daß Gott dies nicht will. Die Menschenopfer wurden durch Tieropfer abgelöst.

2. Um 800 v.Chr., als die Geschichte wohl in der jetzt vorliegenden Form niedergeschrieben wurde, drohte der Glaube an

den Gott Israels sich mit dem Kult der kanaanäischen Götter zu vermischen. Der Verfasser von 1. Mose 22 stellte diesen Bestrebungen den Erzvater Abraham als Vorbild hin: Er hat sich in seinem Glauben an Gott durch nichts erschüttern lassen. Er bindet sich bedingungslos und unter allen Umständen an Gott. So illustrierte diese Geschichte den Ernst des 1. Gebotes.

3. Im babylonischen Exil wurde diese Geschichte als Hoffnungsgeschichte gelesen. Die Exilierten identifizierten sich mit Isaak: Wir sind wie der, der zur Schlachtbank geführt wird. Und sie vertrauten darauf, daß Gott auch jetzt ein Wunder tun und Israel retten wird wie Isaak damals.

4. In der jüdischen Auslegung spielt der Gedanke eine Rolle, daß die Existenz des Volkes Israel nicht selbstverständlich ist, sondern nur durch Gottes wunderbares Handeln erklärbar ist.

5. Die christliche typologische Deutung sieht in dieser Geschichte die Vorabbildung der Kreuzigung Jesu.

6. Die Geschichte fragt nach unserem Gottesbild: Ist Gott nur nah? Haben wir Gott wirklich verstanden? Oder ist es nicht vielmehr so, daß wir Gott auch als fremd, unnahbar, unverständlich in seinem Tun erleben?! Die Geschichte von Isaaks (Nicht-) Opferung löst diese Spannung nicht auf, sondern hält sie aus.

- *Vorbereitung*

In der gestalteten Mitte befinden sich zunächst lediglich Bibel und Kerze sowie eine alte Darstellung zu 1. Mose 22 (z.B. von Schnorr von Carolsfeld oder aus der Kinderbibel von Anne de Vries).
Der Text wird auf ein Blatt kopiert, und darunter werden die drei Leitfragen für die Textarbeit geschrieben:
- *Betrachten Sie die Dramaturgie: Wo und wie entsteht Spannung?*

– *Was ist Ihrer Meinung nach die Hauptaussage der Geschichte?*
– *Was sagt die Geschichte über Gott aus?*

Außerdem werden Postkarten, Bilder, Fotos benötigt. Sie sollten keine religiösen Motive haben, sondern «mitten aus dem Leben gegriffen» sein: Werbemotive, Menschen in verschiedenen Lebenslagen, Gesichter, bekannte Gemälde, Waffen, Blumen, Landschaften . . . Es sollten etwa dreimal soviel Bilder da sein wie TN. Die Bilder werden auf Tischen ausgelegt, um die die TN gut herumgehen können müssen.

- *1. Phase: Die Gefühle wahrnehmen*

Einstimmung. Die TN kommen an und halten einen Rückblick auf die letzten drei Abende. L führt sie in die Thematik des Abends ein:

Wir wollen uns heute einem schwierigen Abschnitt der Bibel stellen. Ich kann Ihnen nicht versprechen, daß Sie ihn am Ende des Abends ganz verstehen und keine Probleme mehr mit ihm haben. Aber Bibelarbeit heißt eben auch: die Fragen miteinander teilen und das Nichtverstehen miteinander aushalten.

Eine solche Einleitung ist wichtig, damit nicht falsche Erwartungen an den Abend entstehen.

Die Gefühle im Bild ausdrücken. L liest 1. Mose 22 vor. Die TN hören die Geschichte. Anschließend bittet L die TN:

Ein Bild sagt manchmal mehr als tausend Worte. Auf den Tischen liegen viele verschiedene Bilder. Bitte suchen Sie sich eines heraus, das Ihrer Meinung nach zu dieser Geschichte paßt.

Wenn alle TN für sich ein Bild gefunden haben, beginnt der Austausch. In kleineren Gruppen können alle ihr Bild ausführlich erklären. In größeren Gruppen bittet L die TN, ihre Gedanken in einem Satz auszudrücken.

Die Bilder werden in die Mitte um die Bibel gelegt.

- *2. Phase: Analyse mit Leitfragen*

Leitfragen. Die TN erhalten nun das Textblatt und behandeln in Kleingruppen die drei Fragen.

Austausch im Plenum. Im Plenum werden die Antworten gesammelt. Im Zusammenhang mit der zweiten Frage ist Gelegenheit, die verschiedenen Deutungsmöglichkeiten zu erläutern. Die Antworten der TN auf die dritte Frage fallen meist sehr unterschiedlich aus, so daß hier die unterschiedlichen (Lebens-)Erfahrungsebenen angesprochen werden können.

- *3. Phase: Hat sich etwas verändert?*

Die TN werden gebeten, noch einmal auf ihr Bild vom Anfang zu schauen.
Hat sich nach dem Gespräch über die Geschichte Ihr Bild geändert? Möchten Sie ein anderes Bild suchen, oder ein zweites danebenlegen?
Die TN tauschen sich aus, wie es ihnen nun mit 1. Mose 22 geht. L sollte noch einmal darauf hinweisen, daß auch das Aushalten von Fragen eine Chance der gemeinsamen Bibelarbeit ist.

- *Wie geht's weiter?*

Am letzten Abend des Kurses werden die TN auch Rücklick auf den gemeinsamen Weg halten. Es sollte daher Zeit vorgesehen sein für eine Auswertung der gemachten Erfahrungen und für Absprachen über das weitere Vorgehen.
Vielleicht besteht Interesse an einem Folgeprojekt – oder soll erstmal eine Pause eintreten? Eventuell sind an einzelnen Abenden Fragen aufgeworfen worden, die eine vertiefende Aufnahme verdienen würden – wann und wie könnte dies geschehen? Einige möchten vielleicht in der Form eines regelmäßigen Gesprächskreises weiterarbeiten. Andere fragen nach Literatur.
Alle diese Anliegen werden gesammelt. Gemeinsam wird man überlegen, was davon zu realisieren ist. Dabei darf die Grundabsprache, daß dieser Kurs vier Abende umfaßt, mit einem Anfang und einem Ende, nicht aus dem Blick geraten. Niemand soll sich gedrängt fühlen, zu einer Folgeverpflichtung genötigt zu sein.

Entwürfe für Bibelarbeiten mit unterschiedlichen Zugängen und Methoden

1. «Der gute Hirte» (Joh 10,11)
Einem Symbol nachspüren

Diese Bibelarbeit ist relativ leicht und ohne große Vorbereitung durchzuführen. Sie überfordert weder Leitung noch Teilnehmende und eignet sich deshalb sehr gut für ungeübte Gruppen.

- *Zum Bibeltext*

Die Gemeinde des Evangelisten Johannes war Verfolgungen und Schmähungen ausgesetzt und stand in der wachsenden Gefahr, das Zutrauen zu Christus zu verlieren. Johannes wollte seiner Gemeinde in all diesen Wirrungen und Irrungen des Alltags Mut zusprechen: Jesus, der Sohn Gottes, ist immer an eurer Seite. Johannes verwendete dazu das Bild des «guten Hirten«. Es entstammte der Alltagswirklichkeit der Menschen und ist zudem eines der aussagekräftigsten Bilder für Gott im Alten Testament (z.B. Ps 23; Hes 34,5f.11-16).
Indem Johannes Jesus mit dem «guten Hirten» identifizierte, erklärte er seiner Gemeinde:

- Wenn Jesus sagt: «Ich bin der gute Hirte», dann spricht und handelt er wie Gott. Denn Jesus ist ganz eins mit Gott. Ihr könnt ihm also bedingungslos vertrauen, und er wird euer Vertrauen nicht enttäuschen.
- Auch wenn Jesus nun nicht mehr sichtbar unter uns ist, seid ihr nicht allein! Ihr könnt euch darauf verlassen, daß Christus euch führt.
- Er versorgt und schützt euch, auch wenn alle Welt sich gegen euch wendet. Ihr braucht euch nicht zu fürchten.

- *Anliegen der Bibelarbeit*

Wie die Gemeinde des Johannes, so sind auch die Gemeinden

heute zunehmend Spott ausgesetzt. Anders als noch vor einer Generation muß nicht der Unglaube, sondern der Glaube gerechtfertigt, nicht der Kirchenaustritt, sondern der Gottesdienstbesuch begründet werden. Und die Gefahr, das Vertrauen zu Christus zu verlieren, droht auch uns. Daher sind wir, wiewohl nicht verfolgte Christen im strengen Sinn, von der Gemeinde des Johannes nicht so weit entfernt.
Das Bild vom «Guten Hirten» ist für uns heute nicht mehr alltäglich. Dennoch ist es auch für moderne Menschen tragfähig und trostreich. «Hirte» ist ebenso wie «König» oder «Richter» ein Symbolwort von unmittelbarer Eindrücklichkeit.
Wichtig ist, daß in der Bibelarbeit auch die negativen Assoziationen zum «Hirten» (z.B. «Er entmündigt die Schafe») genannt werden können. Durch die Partnerübung «Führen und Geführtwerden» zum Abschluß soll dagegen die positive Erfahrung vermittelt werden: Ich werde beschützt und behütet, wenn ich nicht weiter weiß.

- *Vorbereitung*

Es werden Bibeln, Gesangbücher, ein Plakat und ein dicker Filzstift benötigt. Für die Übung des Führens und Geführtwerdens sollen einige Hindernisse aufgebaut werden können, z.B. Tische und Stühle.
Die Mitte wird mit Kerze, Bibel und einem Hirten mit Schafen (z.B. aus der Weihnachtskrippe) gestaltet.

- *1. Phase: Das Bild vom Hirten*

Lied. Die TN singen zur inhaltlichen Einstimmung das Lied: «Der Herr ist mein getreuer Hirt» (EG 274; es ist leichter singbar auf die Melodie von «Nun freut euch lieben Christen g'mein», EG 341).
Mein Bezug zum Symbol «Hirte». L stellt die Impulsfrage: *Was fällt Ihnen zum Stichwort «Hirte» ein?*
Die TN haben Zeit zum Überlegen und tauschen sich dann mit dem Nachbarn/der Nachbarin aus (z.B.: «Als ich Kind war, gab

es noch viel mehr Hirten.» – «Zuhause hing ein Bild mit dem Guten Hirten.» – «Schafe sind doof, deshalb brauchen sie einen Hirten.» – «Mir fallen gute und schlechte Politker ein.»). Nach dem Zweiergespräch können einige auch im Plenum erzählen, was ihnen in den Sinn kam.

- *2. Phase: Analyse in drei Schritten*

Jesus, der gute Hirte. Die TN schlagen Joh 10,11 auf; es wird laut bis Vers 15 gelesen.
Die TN tragen zusammen, was in Joh 10 über Jesus gesagt wird. Ihre Antworten werden auf ein Plakat geschrieben.
Gott, der gute Hirte. Die Gemeinde des Johannes kannte das Alte Testament sehr gut. Wenn sie vom «guten Hirten» hörten, dachten sie sofort an den alttestamentlichen Hintergrund dieses Motivs. Deshalb lesen die TN nun in Kleingruppen Ps 23 und Hes 34, 5+6. 11-16. Sie notieren sich, wer dort mit dem «guten Hirten» gemeint ist. Im Plenum werden auch diese Antworten auf das Plakat geschrieben.
Jesus ist wie Gott. Ein/e TN liest die Antworten zu Joh 10 und zu den alttestamentlichen Bibelworten vor. Die TN überlegen: Warum hat Johannes den Satz «Jesus ist der gute Hirte» für seine Gemeinde aufgeschrieben? Was wollte Johannes seiner Gemeinde damit sagen bzw. predigen? Die Antworten (wie: Ihr seid nicht verlassen. Ihr werdet vorsorgt. Ihr werdet beschützt. Jesus ist mächtig wie Gott.) werden zusammengetragen.

- *3. Phase: Übung zum Geführt-Werden*

L leitet die Übung ein:
Auch für uns will Christus der Gute Hirte sein. Er will uns führen und leiten. Es ist aber für uns Menschen gar nicht so einfach, uns einem anderen anzuvertrauen. Das soll ein wenig eingeübt werden. Und wir werden bei dieser Übung auch spüren, wie gut es tut zu wissen: Wenn ich nicht weiter kann, ist jemand da, der mich leitet.

Die TN finden sich zu zweit zusammen. Eine/r schließt die Augen, der/die andere führt ihn/sie durch den Raum, auf den Flur, eventuell auch hinaus aus dem Haus . . . Nach einer Weile wechseln die beiden.
Nun erzählen die beiden einander, wie es ihnen als Führende/r und als Geführte/r ergangen ist.
Interessant ist, wie häufig das Geführtwerden als angenehm, leicht und wohltuend empfunden wird. Das Führen hingegen bedeutet für viele TN eine starke Erfahrung von Verantwortlich-Sein, von Aufpassen-Müssen und Anstrengung. Das wirft noch einmal ein neues Licht auf die Gnade des Christseins und die Würde Christi. Er ist der «gute Hirte«, der sich ganz für uns einsetzt und sogar «sein Leben für die Schafe gibt».

2. «Wie eine suchende Frau» (Lk 15,8-10 – «Das verlorene Silberstück»)
Aus Sicht der Frauen

«Bibelauslegung aus dem Blickwinkel der Frauen» – «Frauen in der Bibel» – «Frauen lesen die Bibel»: unter diesen Stichworten haben sich in den vergangenen Jahren viele Frauen zusammengefunden. Sie suchen die sie besonders ansprechenden biblischen Geschichten auf. Sie suchen nach den «weiblichen Seiten Gottes». Und sie versuchen, sich die Lebensumstände der Frauen von damals genau vorzustellen. Diese Anliegen nimmt die folgende Bibelarbeit auf. Sie ist aber keineswegs nur für Frauengruppen konzipiert!

- *Zum Bibeltext*

Das Gleichnis vom verlorenen Silberstück ist das mittlere der drei «Gleichnisse vom Verlorenen», die Lukas in Kapitel 15 seines Evangeliums zusammengestellt hat. Diese drei Gleichnisse sind die Antwort Jesu auf das Murren der Pharisäer und Schriftgelehrten. Ihnen war es unverständlich, daß Jesus, wenn er denn ein frommer Mann und vielleicht sogar ein Gottesge-

sandter war, mit Zöllnern, Landstreichern, Prostituierten und anderem «Gesindel» zusammenkam. Jesus erklärte ihnen in diesen Gleichnissen, daß er so handelt, wie es Gottes Wesen entspricht: Gott sucht die Menschen, die vom Leben betrogen oder enttäuscht sind, die schuldig geworden sind, die ausgestoßen werden. Und Gott freut sich, wenn er sie findet.
Diese Vorstellung von Gott provozierte die Pharisäer und Schriftgelehrten. Denn Jesus sprach so ganz anders von Gott; anders als sie ihn sich immer vorgestellt hatten. Und Jesus verlangte dadurch auch von ihnen, daß sie ihr Bild von Gott und ihr Verhalten ändern – daß auch sie, die Frommen, umkehrten!
Das Wesen und Handeln Gottes illustrierte Jesus u.a. mit dem Gleichnis von der Frau, die ein verlorenes Silberstück sucht. Feministisch-theologisch wird dieses Gleichnis unter Aufnahme der sozialgeschichtlichen Auslegung so gedeutet (vgl. Schottroff 1994):
Aus historischen Quellen geht hervor, daß ein Mann zur Zeit Jesu rund 100 Silberstücke (Drachmen bzw. Denare) besitzen mußte, wenn er heiratete. Diese Summe war in etwa der Jahreslohn einer Frau und sollte der Ehefrau im Falle seines Todes oder der Scheidung für etwa ein Jahr das Überleben sichern – es war also eine Art Rente.
Die Frau in dem Gleichnis besaß zehn Silberstücke; dies kann darauf hindeuten, daß sie eine Witwe oder eine geschiedene Frau war. Die zehn Silberstücke wären dann der letzte Rest ihrer Erbschaft oder ihres Unterhaltes.
Diese Frau suchte panisch nach der verlorenen Münze; sie konnte nicht in Ruhe abwarten, bis das Geldstück von alleine auftaucht (nach dem Motto «ein Haus verliert nichts»). Dies weist darauf hin, daß sie nicht mehr lange von dem Geld zehren und keine anderen Einkünfte erwarten konnte. Ihr Notvorrat reichte noch etwa für einen Monat – dann mußte sie wieder Geld haben, um zu überleben. Doch ob sie wirklich eine Arbeit finden würde? Wahrscheinlicher ist, daß ihr nur – wie vielen alleinstehenden Frauen damals – der Weg in die Prostitu-

tion bleiben würde. Eine der verbleibenden Münzen zu verlieren, bedeutete für sie: Tage ihres Lebens in Würde zu verlieren. Deshalb konnte sie nicht seelenruhig abwarten, bis das Geldstück irgendwann wieder auftaucht.
Sie stellte das ganze Haus auf den Kopf, bis sie das Silberstück endlich fand. Ihre Freude und Erleichterung waren so groß – die konnte sie nicht für sich behalten. Sie sprühte geradezu über vor Freude und rief Nachbarinnen und Freundinnen. Und die jubelten mit, denn sie wußten ja auch, was das wiedergefundene Silberstück für die Frau bedeutete.
Jesus vergleicht das Verhalten Gottes mit dieser Frau. So ruhelos und so angestrengt sucht Gott nach den Menschen. Er kann nicht seelenruhig abwarten, bis sie von alleine zu ihm finden. Nein, er geht ihnen nach bis in den letzten Winkel. Und wie diese Frau, so kann sich Gott freuen, ansteckend fröhlich sein. Das ist eine Eigenschaft Gottes, die uns nicht immer bewußt ist: Gott freut sich wie eine glückliche Frau.
Das Gleichnis vom verlorenen Silberstück ist in vielem wörtlich identisch mit dem Gleichnis von dem Mann, der das entlaufene Schaf sucht (Lk 15,3-7). Der charakteristische Unterschied ist der, daß Jesus Gott in diesem Gleichnis mit einer Frau vergleicht. Das muß für die Pharisäer und Schriftgelehrten wie ein Schlag ins Gesicht gewesen sein: Gott wie eine auf dem Boden kriechende, wie eine jubelnde, zuletzt wie eine ausgelassen herumtanzende Frau? Und die Engel wie eine Gruppe hüpfender, lachender Freundinnen? Das war schockierend, ja blasphemisch! Denn in der Vorstellung der Pharisäer und Schriftgelehrten war eine Frau nicht viel wert und schon gar nicht ein Beispiel für die Engel oder gar für Gott.

- *Anliegen der Bibelarbeit*

«Gott sucht die Menschen und geht ihnen nach»: Viele, die in der christlichen Gemeinde aufgewachsen sind, kennen diese Gottes-Vorstellung von Kindesbeinen an. Sie ist für sie weder neu noch provozierend.

Aber daß Gott sich freut, ist vielen Menschen unbekannt. «Gott leitet uns», «Gott kann zornig werden», «Gott ist barmherzig» – diese Zusammenhänge fallen uns sofort ein. Aber daß er sich freuen kann, daß er ausgelassen sein kann, ansteckend fröhlich wie diese Frau – das müssen wir oft noch lernen.
Und daß Jesus Gott mit einer Frau vergleicht, ist auch für uns eher unvertraut. Die anderen Vergleiche aus Lk 15 sind uns in Fleisch und Blut übergegangen: Gott wie ein guter Hirte; Gott wie ein barmherziger Vater. Aber dieser Vergleich ist fremd und außergewöhnlich geblieben: Gott handelt erst wie eine verzweifelt suchende, dann wie eine jubelnde Frau.
In der Bibelarbeit soll die dreifache Brisanz, die in diesem kleinen Gleichnis steckt, erarbeitet und erspürt werden. Und wenn die Freude an Gott wächst, ist ein darüber hinausgehendes Ziel erreicht. Die Freude an Gott, aneinander und miteinander kann jedenfalls wachsen und gedeihen, wenn wir uns miteinander freuen und feiern. Deshalb endet die Bibelarbeit im gemeinsamen Essen, Singen und Fröhlichsein.

● *Vorbereitung*

Das Gleichnis wird auf ein Arbeitsblatt kopiert (bitte nicht die Luther-Übersetzung wählen, sie führt mit dem Wort «Silber-Groschen» auf eine falsche Spur: es handelt sich eben nicht «nur um ein paar Pfennige»; die Einheitsübersetzung oder die Gute-Nachricht-Übersetzung sind besser geeignet). Darunter werden die Arbeitsanweisungen der Västerås-Methode notiert:

! *Wo Sie etwas für besonders wichtig halten, malen Sie ein Ausrufezeichen an den Rand.*

? *Wo Sie eine Frage haben, markieren Sie es am Rand mit einem Fragezeichen.*

* *Wenn Sie eine Stellen anrührt (freut, ärgert . . .), malen Sie ein Sternchen.*

In die gestaltete Mitte werden zehn Silberstücke (z.B. 5-DM-Stücke) gelegt, dazu ein Bild von einer gebückt suchenden Frau

(z.B. aus der Zeitung) oder eine gebückte Figur (z.B. aus Ton). Für die Kreativarbeit werden Blätter und Finger- oder Wasserfarben benötigt.
Die TN werden vor dem Abend gebeten, eine Kleinigkeit zu essen und zu trinken mitzubringen.

- *1. Phase: Wie es ist, etwas zu verlieren*

Die TN erinnern sich: Wann habe ich das letzte Mal etwas verloren? Wie erging es mir beim Suchen? Habe ich es wiedergefunden? Wie war es, als ich es wiederfand?
Die TN erinnern sich erst für sich und erzählen einander dann zu zweit oder zu dritt ihre Erfahrungen im Suchen und Wiederfinden.

- *2. Phase: Analyse*

Lesen. L leitet den Bibeltext ein:
In dem Gleichnis geht es um eine Frau, die auch etwas verloren hat, und um die Frage, wie sie sich verhält.
Das Arbeitsblatt wird ausgeteilt und Lk 15,8-10 gelesen.
Einzelarbeit und Kleingruppengespräch. Die TN bearbeiten den Bibeltext zunächst allein mit Hilfe der drei Zeichen. Dann tauschen sie sich in Dreier- bzw. Vierergruppen über ihre Markierungen aus.
Auswertung im Plenum. Schließlich gehen alle das Gleichnis Vers für Vers durch. Wo es Fragen gibt (z.B. zum Wert eines Silberstücks, zu den Lebensumständen der Frauen damals, zur Gottesvorstellung der Phariäser und ihren möglichen Reaktionen auf das Gleichnis), können die TN zunächst gemeinsam nach der Antwort suchen. L ergänzt und erläutert. Zum Schluß wird festgehalten (z.B. auf einem Plakat), wie Jesus Gott beschreibt:
- Jesus vergleicht Gott mit einer Frau.
- Gott sucht die Menschen.
- Gott freut sich über gefundene Menschen.

• *3. Phase: Mein Bild von Gott*

Kreative Besinnung. Die TN erhalten drei Blätter. Sie sollen zu jedem dieser drei Sätze (s. oben) ein Blatt gestalten – mit Worten, mit Symbolen, mit Farbe, um sich intensiv mit den drei Hauptgedanken auszueinandersetzen. Anschließend finden sich die TN zu Paaren zusammen, die einander ihre Bilder vorstellen. (Dafür ist etwa eine halbe Stunde einzuplanen; wenn soviel Zeit nicht zur Verfügung steht, sprechen die TN in Kleingruppen über diese drei Sätze.)

Feiern und Fröhlichsein – wie die Engel Gottes. Das mitgebrachte Essen und Trinken wird nun ausgepackt. Dann wird gegessen, getrunken, gelacht und gesungen. Fröhliche Musik erklingt. Wie die Engel sich über Menschen freuen, die zu Gott kommen, so dürfen wir uns auch freuen: über einander, aneinander und an unserem Gott, der uns liebt.

3. «Nimm die Hände aus der Tasche!» (Ps 74)
Sich ins Klagen hineingeben

Der 74. Psalm spricht in aufrüttelnden, ja geradezu anklagenden Worten mit Gott. Dieser Psalm ist eine Gebetshilfe für Menschen, die leiden und nicht wissen, wie sie sich darin an Gott wenden können.

• *Zum Bibeltext*

Psalm 74 ist kein «typischer» Klagepsalm, denn er mündet nicht in ein «Bekenntnis der Zuversicht», sondern nach konkreten Forderungen und Bitten an Gott schließt er mit einem offenen Ende. Der Psalm beginnt mit der Frage nach dem Warum und Wozu der Zerstörungen im Hause Gottes (V. 1-11 a). Diese Fragen zielen hier nicht auf Erklärung («Warum ist das so?» – «Aus diesen und jenen Gründen . . .»), sondern auf Veränderung («Warum muß das so sein? Tu was dagegen!»). Für die Beter ist es unbegreiflich, daß und warum Gott gegen sein Volk wütet. Denn so erleben sie den Triumph ihrer Feinde.

Gott soll aktiv werden, seine berühmte «Rechte» wieder schmettern lassen (V. 11b, umgangssprachlich übersetzt: «Nimm die Hände aus der Tasche!»). Die Beter erinnern Gott an seine mächtigen Schöpfungstaten (V. 12-17). Dies ist für sie Beweis genug, daß er auch fähig ist, den Tempel und das Volk zu erretten – und sie fordern ihn massiv dazu auf (V. 18-23). Gott hat geradezu die Pflicht einzugreifen, denn dies hat er seinem Volk von alters her versprochen («um seines Namens willen»).

Die Psalmbeter suchen die Verantwortung für das Geschehene nicht bei sich selbst, sondern machen den mächtigen Schöpfer und Erhalter der Welt dafür verantwortlich – und halten ihm seine Verantwortung vor Augen. Die Klage des Psalms ist eher *Ein*klage als *An*klage. Die neutestamentliche Entsprechung ist die fordernde Witwe (Lk 18,1-8).

Der Psalm nimmt den historischen Hintergrund der Besetzung und Zerstörung des Hauses Gottes durch die Assyrer bzw. Babylonier 722 bzw. 587 v.Chr. auf.

Dietrich Bonhoeffer hat diesen Psalm am 9. November 1938 zur Reichspogromnacht in sein Tagebuch notiert. In schrecklicher Weise wiederholte sich dann in Deutschland das gottlose Wüten gegen Hab und Gut und die menschenverachtende Zerstörung von Leben.

- *Anliegen der Bibelarbeit*

Die historischen Ereignisse, die diesem Psalm zugrunde liegen, sind für uns ferne Vergangenheit. Aber die Fragen «Warum?» und «Wozu?» kennen wir nur zu gut. Die Bibelarbeit beginnt damit, daß wir uns in diesen Psalm hineingeben. So machen wir uns mit seinen Worten vertraut und finden uns über die historische Distanz hinweg in seine Fragen und Forderungen hinein.

Dadurch erfahren die TN: Der Psalm erlaubt auch uns, Gott drängende Fragen zu stellen, ganz konkret zu ihm zu beten und ihn auffordernd zu bitten.

Die Analyse des Psalms dient dazu, daß die Erfahrungen aus der ersten Phase begründet und gefestigt werden. Die Bibelarbeit schließt ab mit der Ermutigung und der Gelegenheit, ein eigenes Anliegen bei Gott vorzubringen und einzuklagen.

● *Vorbereitung*

Für die erste Phase brauchen die TN einen geschützten äußeren Rahmen, d.h. die Räume, in denen sie sich bewegen, sollen vor jeder Störung sicher sein. Gut ist es, wenn auch ein einsames Außengelände zur Verfügung steht.
Der Psalm sollte gut lesbar in Kopien vorliegen, das erleichtert das lesende Umhergehen. In der Mitte wird – neben Kerze und Bibel – aus Tüchern ein Fragezeichen gelegt.

● *1. Phase: Sich in den Psalm hineinbegeben*

Mit dem Psalm umhergehen. L führt ein:
Wir werden heute einem Klagepsalm begegnen. Wir möchten Sie bitten, daß Sie sich dazu auf einen ungewohnten Zugang einlassen. Es mag Ihnen erst fremd vorkommen, doch dann werden Sie spüren, daß Sie dadurch wichtige Erfahrungen machen können.
Sie werden alle den Psalm in einer Kopie bekommen. Wir bitten Sie, daß Sie dann mit dem Psalm umhergehen. Sie können diesen Raum verlassen, Sie können auf dem Gelände umhergehen. Gehen Sie mit dem Psalm und lesen Sie ihn laut. Beginnen Sie immer wieder von vorn. Sie können einzelne Sätze auch betonen, sie flüstern oder schreien – wie Sie es empfinden. Wir nehmen uns dazu Zeit und treffen uns in 20 Minuten wieder hier.
Viele TN machen durch diesen Zugang sehr intensive Erfahrungen: Sie schreien sich und ihre Not in die Worte des Psalms hinein. Sie erleben es als befreiend, Gott all ihr Leid und ihre Fragen hinzuschreien. Und sie erfahren: So leidenschaftlich kann Beten sein!
Austausch. Die TN treffen sich wieder und haben Zeit, einander zu erzählen, wie es ihnen mit dem Psalm und dem lauten

Nachsprechen ergangen ist, ob und wie die fremde Klage zur eigenen wurde.

- *2. Phase: Die Anliegen der Psalmbeter*

Gespräch. Die TN sprechen nun über den Psalm: Sie versuchen, ihn zu gliedern, seine Themen und Formen zuzuordnen. Miteinander werden Verständnisfragen geklärt; L ergänzt, wo nötig.

- *3. Phase: Darf und kann ich so zu Gott beten?*

Kleingruppengespräch. Die TN finden sich in kleinen Gruppen zusammen und sprechen darüber, wie es ihnen mit dieser «unverfrorenen» Gebetshaltung geht. Später kommen sie ins Plenum zurück; dort kann das Gespräch weitergehen.
Mein Anliegen. Die TN überlegen nun, welches Anliegen sie selbst bei Gott einklagen möchten. Es ist Gelegenheit, im stillen Gebet mit Gott zu sprechen. Die TN werden aber auch ermutigt, murmelnd-betend im Raum umherzugehen.

4. «Ist Gott ungerecht?» (Mt 20,1-16 – «Die Arbeiter im Weinberg»)

Verstehen durch Sich-Identifizieren

Das Gleichnis von den Arbeitern im Weinberg ruft oft heftige Reaktionen hervor. Dies liegt daran, daß sich die meisten spontan mit den Arbeitern der ersten Stunde identifizieren und das Verhalten des Weinbergbesitzers als ungerecht und benachteiligend empfinden. In der Bibelarbeit wird versucht, dieses Sich-Identifizieren für das Verstehen des Gleichnisses fruchtbar zu machen.

- *Zum Bibeltext*

Ein Weinbergbesitzer hat den ersten Arbeitern den üblichen Tagessatz von einem Silberstück zugesagt. Von diesem Betrag konnte ein Tagelöhner sich und seine Familie einen Tag über

die Runden bringen. Auch denen, die später zur Arbeit gerufen werden, gibt der Weinbergbesitzer am Ende den Tageslohn. Dies ist ein Zeichen seiner Fürsorge für seine Arbeiter: Er läßt auch die Familien derer, die erst spät Arbeit bekamen, an diesem Tag nicht hungern.
Im Kontext des Matthäus-Evangeliums erzählt Jesus dieses Gleichnis seinen Jüngern. Er will sie damit vor Überheblichkeit anderen gegenüber bewahren. Denn wie dieser Weinbergbesitzer ist Gott «unberechenbar» gütig. Allen, wann und wie immer sie in seinen Dienst traten und was immer sie vorher getan oder nicht getan haben, gibt er den gleichen, den vollen Lohn: das ewige Leben. Dies mag den Ersten «ungerecht» erscheinen – aber was wäre die Alternative? «Ein wenig ewiges Leben», «ein bißchen erfülltes Leben» – das gibt es nicht. Hier gilt «alles statt zuwenig». Gottes Gerechtigkeit schenkt allen Leben. Sie handelt nicht nach dem Prinzip: Jedem nach seiner Leistung.
Und den Ersten wird ja – weder im Gleichnis noch im Handeln Gottes – etwas genommen: Sie bekommen das, was ihnen von Anfang an versprochen war.
Wie der Weinbergbesitzer wird auch Gott vor aller Augen entlohnen, damit die Ersten sich mit den Letzten freuen können und Gottes Güte preisen. Denn darauf zielt Jesus ab: daß es unter den Jüngern wie unter den Christen kein «besser» oder «schlechter», kein «verdienter» und «unverdienter» gibt. Alle werden von Gott mit allem versorgt – und darüber sollen sich alle miteinander freuen.

- *Anliegen der Bibelarbeit*

Die spontane Identifikation der meisten TN mit den Arbeitern der ersten Stunde kann das Verständnis für Jesu positives Anliegen verschließen. In der Bibelarbeit wird die Identifikation nun bewußt als Methode für die Textanalyse gewählt. So kann der Ärger über die vermeintliche Ungerechtigkeit ebenso ausgesprochen werden wie die Freude über die Güte.

In der dritten Phase kommt auch der Gemeindebezug in den Blick. Denn dieses Gleichnis zielt ja auf das Miteinander der Christen.
Die Bibelarbeit endet mit einer symbolischen Entlohnung – gegen den Neid und das Gefühl, zu kurz zu kommen. Alle TN nehmen ihr «Geschenk» mit nach Hause, damit es sie daran erinnert, daß Gott ewiges Leben für uns bereit hält.

- *Vorbereitung*

In die Mitte wird – neben Kerze und Bibel – eine Schale mit bunten Glasperlen oder Murmeln gestellt (so viel, daß für alle TN eine da ist) sowie ein Korb mit Lebensmitteln für einen kargen Tag (z.B. 1 Tüte Milch, ein Brot, etwas Öl, ein paar Äpfel). Außerdem werden Bibeln bzw. Textkopien benötigt und die Dia-Serie «Die Arbeiter im Weinberg» von Kees de Kort (Deutsche Bibelgesellschaft, Bestell-Nr. 6371-5).

- *1. Phase: Die Geschichte erinnern*

Die meisten TN werden das Gleichnis kennen. Damit sie ihre dazugehörigen Gefühle aus der Erinnerung «hervorkramen» können, werden die Dias von Kees de Kort zunächst ohne Text gezeigt. Die TN sollen sie zuerst nur ansehen. Dann werden die Dias noch einmal gezeigt, und der Bibeltext wird dazu gelesen.
Die TN sprechen in Dreiergruppen über ihre Eindrücke: *Wie geht es mir mit dieser Geschichte?*

- *2. Phase: Identifikation und Diskussion*

Information. L informiert die TN über den Wert und die Bedeutung eines Silberstücks. Es steht für das «Überleben an einem Tag«. Das kann man gut mit Hilfe des Warenkorbs erklären, in dem symbolisch die Lebensmittel liegen, die eine Familie für ein karges (Über-)Leben an einem Tag braucht. Etwa so viel (so wenig) konnte man für ein Silberstück kaufen. Wer weniger verdiente, konnte sich weniger kaufen, mußte auf die nötigen Kalorien verzichten. Er würde mit seinen Kindern heute hungern und morgen weniger Kraft zum Arbeiten haben. Ein verhängnisvoller Kreislauf . . .

Identifikation. Die TN finden sich in drei Gruppen zusammen, die die Geschichte jeweils aus einem Blickwinkel betrachten:
- erste Arbeiter
- letzte Arbeiter
- Weinbergbesitzer

Sie sollen den Bibeltext lesen und sich so intensiv damit beschäftigen, daß sie für die Diskussion mit den anderen präpariert sind und dort Verständnis für sich selber und die eigene Situation und Position wecken können. Für den Beginn der Diskussion soll jede Gruppe ein kurzes Statement vorbereiten.

Diskussion. Nun sitzen sich die drei «Parteien» gegenüber. L bittet jede Gruppe um ein Eröffnungs-Statement. Dann wird die Diskussion freigegeben.

Die letzten Arbeiter z.B. berichten von ihrer Freude («Wir hatten gedacht, unsere Kinder würden heute abend wieder mit knurrendem Magen einschlafen, und dann bekommen wir doch den vollen Lohn!»). Die ersten Arbeiter können dem Weinbergbesitzer ihre Meinung sagen («Wir haben ja nichts dagegen, daß du den anderen so viel gibst, wie sie zum Leben brauchen – aber dann gib uns mehr!»), und der Weinbergbesitzer kann darauf reagieren («Ich mache mit meinem Eigentum, was ich will. Und ich will, daß alle genug zum Leben haben. Freut euch doch mit den andern!»)

Nach einer Weile bricht L die Diskussion ab. Nicht nur, wenn «die Fetzen geflogen» sind (was oft geschieht), stehen alle TN auf, gehen im Raum umher und «streifen ihre Rollen ab». Das kann durch ein «Abstreifen» der Rolle mit den Händen entlang der Arme, der Beine und des Körpers verdeutlicht werden.

Auswertung. Miteinander halten die TN Rückblick auf den Gang der Diskussion: Wie hat sich jede Gruppe verhalten, was waren ihre Argumente?

Meist war die Gruppe der letzten Arbeiter sehr still und zurückhaltend, und die Diskussion tobte zwischen ersten Arbeitern und dem Weinbergbesitzer. Das weist darauf hin, daß Jesus mit diesem Gleichnis auf die zielte, die meinten, mehr verdient zu haben als andere. Und es zeigt, wer die Begünstigten sind: die Arbeiter der letzten Stunde.

Plenumsgepräch. Nun wird der Kontext gelesen, aus dem das Anliegen Jesu und des Evangelisten deutlich wird: Das Gleichnis zielt auf die Jünger. Es wirbt darum, daß sich die Christen von der Freude über Gottes Gnade und nicht von der gegenseitigen Konkurrenz beherrschen lassen.

Die TN arbeiten heraus, daß «Gottes Güte» der zentrale Vergleichspunkt des Gleichnisses ist. Sie ist das «Evangelium» – und was wäre die Alternative zu dieser Güte Gottes?

- *3. Phase: Ein unerwartetes Geschenk*

Unsere Gemeinde in den Blick nehmen. Die TN sprechen über die Fragen «Ist Nachfolge für mich Privileg und/oder Last?» und: «Kommt die Situation unserer Gemeinde in diesem Gleichnis vor?»

Ein unerwartetes Geschenk. *Wir haben – wie die Arbeiter der ersten Stunde – die Angst, daß wir zu kurz kommen können. Doch wir können sicher sein, daß Gott uns all das gibt, was er versprochen hat. Damit Sie das nicht vergessen, bekommen Sie nun alle eine «Entlohnung«, ein «Andenken«. Sie bekommen es ohne Ansehen Ihrer Person und ohne die Frage, wie lange Sie dabei sind und mitarbeiten. Sie bekommen das Geschenk als Erinnerung, damit Sie nicht vergessen: Gott will Ihnen ganz viel schenken, alles Nötige. Und freuen Sie sich, daß auch alle anderen in unserer Runde von Gott so beschenkt werden.*

L geht herum und schenkt jeder/jedem TN eine bunte Glasmurmel.

5. «Aus der Tiefe rufen» (Ps 130)

Eine innere Bewegung mit dem Körper aufnehmen

Wir wollen die Bibel erleben und verstehen mit allen Sinnen, mit dem Verstand, mit Leib und Seele: Der Psalm 130 kann ein Beispiel dafür werden, wie die Bibel den ganzen Menschen anspricht.

- *Zum Bibeltext*

«Aus der Tiefe» ruft der Beter. Das hebräische Wort für Tiefe erinnert an «tiefes Wasser». Vielleicht hat ja ursprünglich jemand in Seenot diese Worte gesprochen. Doch das Bild von der Tiefe ist hier so allgemein gehalten, daß sich jeder Mensch mit seiner inneren und äußeren Not hineinfinden kann.
Der Psalmist bittet um offene Ohren Gottes: Er möge sie nicht verschließen und dadurch den Bittenden in seiner Not verkümmern lassen.
Von Gott erhofft der Beter «Vergebung», also Klärung seiner Lage, Ermöglichung eines Neuanfangs – daß er von dem Niederdrückenden befreit und aufgerichtet werde.
Der Beter ist sich aber auch der Ungeheuerlichkeit seiner Bitte und der Gnade Gottes bewußt: «Wer könnte ohne sie bestehen?»
Daher ist das Ziel der Vergebung die «Furcht Gottes». Mit diesem Wort ist eine Haltung des Ernstnehmens, des Respektierens, des Verehrens gemeint.
Der Beter «wartet» auf Gott und sein aufrichtendes Handeln. Wer einmal am Bett eines Kranken ausgeharrt und auf den Morgen gewartet hat, der kann erspüren, was der Psalm mit «Warten» meint: ein angespanntes Hoffen mit allen Sinnen und allen Sehnen des Körpers.
Der Beter erhofft die Zuwendung Gottes, weil er weiß, daß dann das Leben wieder Sinn hat, denn Gott schenkt neues glückliches und heiles Leben. Im hebräischen Wort für «Gnade» schwingen ja die Bedeutungen «Sympathie», «Freundlichkeit», «zuverlässiges Wohlwollen» mit.

Der Beter bleibt nicht bei sich allein stehen. Er fordert auch seine Umgebung zum Vertrauen auf Gott auf. So findet er selbst zu ruhiger Gewißheit und kann andere in diese Gewißheit mit hineinnehmen.

- *Anliegen der Bibelarbeit*

Dem Psalm 130 wohnt eine Bewegung inne: aus der Tiefe in die Weite, aus dem Niedergedrückt-Sein ins Aufgerichtet-Werden. Diese Bewegung kann mit dem Verstand erkannt und verstanden werden – doch intensiver erspürt und «erlebt» wird sie, wenn man sie mit dem eigenen Körper nachvollziehen kann. Deshalb soll der Psalm mittels einer Körperübung «analysiert» werden. Für die TN, denen ein solcher Umgang mit dem eigenen Körper schwer fällt, wird als Alternative angeboten, in Gedanken mitzumachen. Dadurch ist allerdings das Erleben nicht so intensiv.
Anschließend werden die gewonnenen Erfahrungen durch Informationen zu einzelnen Versen des Psalms ergänzt. Der Text von Christoph Blumhardt, «Warten ist eine große Tat» nimmt einen Gedanken des Psalms auf und vertieft ihn.

- *Vorbereitung*

Die Mitte wird mit Kerze und Bibel schlicht gestaltet, damit sie eventuell problemlos weggeräumt werden kann.
Der Psalm sollte für alle TN in der Lutherübersetzung vorliegen (Textblätter oder Bibeln).
Auf ein dunkles DIN-A4-Blatt wird der Begriff «Tiefe», auf ein helles der Begriff «Weite» geschrieben. Außerdem werden für jede/n TN einige helle und dunkle DIN-A6-Zettel benötigt sowie genügend Stifte.
Der Text von Blumhardt wird für alle TN kopiert.

- *1. Phase: Begriffs-Assoziation*

Die TN werden in das Thema des Psalms eingestimmt, indem sie ihre Gedanken und Erfahrungen zu «aus tiefer Not – in Got-

tes Weite» assoziieren. Dazu werden die beiden Blätter mit den Aufschriften «Tiefe» und «Weite» in die Mitte gelegt. Die TN erhalten die hellen und dunklen DIN-A6-Zettel und werden gebeten, ihre eigenen Erfahrungen von Not und Hoffnung aufzuschreiben. Die Erfahrungen zur «Tiefe» kommen auf die dunklen, die Erfahrungen zur «Weite» auf die hellen Zettel. Die TN können ihre Gedanken mit dem Stift oder nur «in Gedanken» niederlegen.
In kleinen Gruppen erzählen die TN, was sie von ihren Tiefe- und Weite-Erfahrungen berichten möchten. Anschließend legen alle ihre Zettel zu den DIN-A4-Blättern in die Mitte.

- *2. Phase: Körperübung*

Murmelndes Lesen. Die erste Annäherung an den Text des Psalms geschieht durch «murmelndes Lesen». Die TN gehen dabei im Raum umher und lesen halblaut den Psalm vor sich her. Das Umhergehen ist auch schon eine Einstimmung auf die spätere Körperarbeit.
Mit dem Nachbarn/der Nachbarin können sie kurz erste Eindrücke zum Psalm austauschen.
Körperübung. L erläutert den TN, daß die Bewegung des Psalms besonders eindrücklich durch den eigenen Körper verstanden werden kann.
Wer aber an der Körperübung nicht teilnehmen möchte, kann auch in seinen Gedanken die Bewegung nachvollziehen. Wer mitmachen möchte, suche sich bitte einen Platz im Raum. Wer nicht mitmachen möchte, bleibe auf seinem Stuhl sitzen, drehe ihn aber zur Wand, damit sich die anderen nicht beobachtet fühlen.
Wenn alle ihren Platz gefunden haben, bittet L alle TN (auch die, die sitzen), ihre Augen zu schließen und geschlossen zu halten. Auch L setzt sich so, daß er/sie die TN nicht sehen kann und diese unbeobachtet und geschützt ihre Bewegungen ausprobieren können.
L bittet die TN, eine Körperhaltung zu finden, die für sie «in der

Tiefe» darstellt. Dann liest L jeden Vers bzw. Halbvers des Psalms langsam und mehrfach vor, so daß die TN «ihre Körperhaltung» zu diesem Psalmteil ausprobieren und finden können.
Anschließend erklärt L:
Ich werde den Psalm nun schneller und durchgehend lesen, damit Sie Ihre Bewegung flüssig und eingängig vollziehen können.
Ein zweiter und dritter Durchgang vertieft und «sichert» die Bewegung.
Austausch mit Nachbarn. Die TN finden sich nun wieder mit ihrem Nachbarn/ihrer Nachbarin zusammen und erzählen einander, welche Körpererfahrung sie gemacht haben. Wer nicht reden möchte, kann auch still dabei sitzen.
Bedenkendes Lesen. Durch das Körpererleben vorbereitet, können die TN nun ihre Fragen und Gedanken zum Psalm austauschen und miteinander klären und vertiefen; L ergänzt, wo nötig.

- *3. Phase: «Warten ist eine große Tat»*

Zum Abschluß wird der Text von Christoph Blumhardt gelesen und den TN in Kopie mitgegeben. Er verbindet das individuelle Warten mit der Hoffnung für viele:

Warten ist eine große Tat,
Warten dort hinein,
in jene Finsternis
in den grausigen Tod,
wo das ärgste und wüsteste Geschrei ist,
dort hinein soll der Tag des
Menschensohnes kommen.

Wirklich wartende Leute,
wirklich hoffende Menschen,
wirkliche Christen,
die auf den Tag der Menschen warten

auf Gottes Erbarmen über alle Völker,
die dürfen leise den Faden ziehen
und die Völker umschlingen,
damit sie sozusagen
angebunden an unseren Glauben
aufbewahrt werden auf den Tag Christi.

(aus: Christoph Blumhardt: Warten ist eine große Tat. Edition Emil Müller im Neukirchener Verlag, Neukirchen-Vluyn 1981)

6. «Hingeben, um zu gewinnen» (Mk 4,3-9 – Das Gleichnis von Saat und Ernte)

Besinnung auf eine Lebensweisheit und eine Glaubenshoffnung

Dieser Entwurf zum Gleichnis von Saat und Ernte läßt die TN innerlich in eine «bewegte Besinnung» geraten, ohne daß sie äußerlich ins Gespräch oder in Bewegung kommen. Diese Art, gemeinsam die Bibel zu lesen, eignet sich für solche Gruppen, die zwar mehr Lebensbezug in der Bibelarbeit wünschen, aber zum Gespräch miteinander oder gar zu weitergehenden Methoden (noch) nicht bereit sind. Sie können durch diese Bibelarbeit behutsam aus der Rolle der passiven Zuhörer herausgeführt werden. Die innere Beteiligung ist nicht gering zu schätzen! (Eine Predigt über Mk 4,3-9 kann sich ebenfalls an diesem Entwurf orientieren.)

- *Zum Bibeltext*

Das Gleichnis von Saat und Ernte hat Jesus als Hoffnungsgleichnis für seine Jünger erzählt. Sie erlebten Enttäuschungen und Ablehnung und fragten: «Was bleibt von dem, was du predigst und tust?»

Jesus wählt ein Beispiel aus dem bäuerlichen Alltag: Jeder Bauer mußte sich das Saatgetreide vom Munde absparen. Eher hungerte die Familie, als daß die Säcke mit der Saat geöffnet und diese Körner zu Mehl für's tägliche Brot verarbeitet worden

wären. Denn das hätte bedeutet: Wir essen zwar heute Brot, aber dafür gibt es keine neue Ernte mehr. Wir würden heute unser zukünftiges Überleben verzehren.
Alle Hoffnung auf eine ausreichende Ernte legte der Bauer auf seine Saat. Dann streute er sie aus – wie üblich auf das noch ungepflügte Feld.
Dort wurde ein Teil der Saat Beute der Vögel. In der Zeit zwischen Saat und Pflügen konnten sie die noch offen daliegenden Körner aufpicken. Wo sie auf den nach der letzten Ernte entstandenen Trampelpfaden gut zu sehen waren, war das besonders leicht. Ein anderer Teil ging mit dem im Boden vorhandenen Unkrautsamen auf. Schneller wachsend, verhinderte das Unkraut an etlichen Stellen das Wachstum der Getreidesaat. Anderes Saatgut kam auf Stellen zu liegen, wo unter einer dünnen Humuskrume großflächige Kalksteinplatten eine Wurzelbildung verhinderten. Weil dort auch die Feuchtigkeit nicht einsickern konnte, keimte die Saat zwar rasch auf, vertrocknete dann aber. Erhebliche Verluste waren die Folge – das ist für heutige Landwirte kaum vorstellbar, aber unter den primitiven Bedingungen antiker Feldbestellung war das «normal» und unvermeidlich.
Der Bauer mußte also von vornherein einkalkulieren, daß er viele Verluste hat. Er hatte keine Alternative. Er tat dies in der Erwartung, daß die dennoch aufgehende Saat und die gereifte Frucht die Verluste aufwiegt.
»So ist es auch mit dem, was ich predige«, erklärt Jesus seinen Jüngern: «Vieles geschieht vergeblich und geht verloren, doch darauf dürfen wir nicht starren. Sondern schaut auf das, was Frucht bringt! Schaut schon jetzt auf die künftige Ernte, und dann freut euch!«
Jesus erzählt also ein «Ermutigungs-Gleichnis» und will damit seine Jünger trösten, sie hoffnungsvoll, gelassen und freudig machen.
Jesus greift die «natürliche Wahrheit» auf: «Seid bereit, etwas zu riskieren, sonst könnt ihr nicht ernten.» Und er verbindet sie

mit der «geistlichen Wahrheit»: «Gottes Reich wächst aus dem Teil, der nicht untergeht. Seid gewiß: es geht nicht unter, sondern wächst.«
Das ursprüngliche Gleichnis Jesu hat schon bald weitere Deutungen erfahren. Die nachösterliche Gemeinde entdeckte darin die Erfahrung von Passion und Ostern wieder. Was wie ein Verlust aussah – der Tod Jesu –, wurde zum großen Reichtum für alle: Er lebt und gibt allen Glaubenden Anteil am neuen Leben.
Die ersten christlichen Gemeinden fanden in diesem Gleichnis eine Antwort auf ihre drängende Frage, warum so viele wieder von Glauben abfallen oder gar das Evangelium ganz ablehnen. Durch die allegorische Deutung (Mk 4,13-20), verstanden sie, warum der Glaube – wie die Saat – gefährdet und angefeindet ist. Sie sollten darum wachsam werden, aber sich trotz der Gefährdungen nicht beirren lassen.
Das Gleichnis selbst konzentriert sich auf einen entscheidenden Punkt: das Wachsen der Frucht trotz aller Verluste. Es macht so Hoffnung und Mut, sich für den Glauben an Jesus weiter fröhlich einzusetzen. Die allegorische Auslegung fragt nach den Gründen für den schmerzlichen Verlust. Sie versucht, die Frage nach dem «Warum» zu beantworten und wandelt dann die Antwort in eine Warnung vor Fehlverhalten.

- *Anliegen der Bibelarbeit*

Das Gleichnis ist in unseren Gemeinden meist in der engen Verbindung mit der Allegorese bekannt; ja, oft überlagert die allegorische Deutung das Hoffnungsgleichnis geradezu: «Vierfach ist das Ackerfeld – Mensch, wie ist dein Herz bestellt?» Die Bibelarbeit konzentriert sich dagegen auf das ursprüngliche Gleichnis (Vers 3-9).
Die Bibelarbeit knüpft bei den Erfahrungen der TN an, in eine Sache oder in einen Menschen viel investiert zu haben – und dann das Gefühl zu haben, es ist alles umsonst. Auf diese Erfahrung antwortet das Gleichnis.

Um seinen Sinn zu verstehen, muß erläutert werden, was «Saatgut» für einen Bauern in Israel bedeutete, welche Hoffnungen und Erwartungen er damit verband und mit wieviel Verlust er zu rechnen hatte. Dies geschieht durch eine Besinnung über das Saatgetreide. Dabei wird den TN nicht nur die nötige landwirtschaftliche Information vermittelt, sondern sie können sich auch in den Bauern hineinversetzen, seine Hoffnungen zu ihren Hoffnungen machen.
Wie sehr die Saat gefährdet ist und wie groß trotz allem die Ernte ist, wird durch «Getreidesäckchen» anschaulich gemacht. Zum Schluß können die TN in Stille überlegen, was dieses Gleichnis für sie und ihren Glauben, ihre Hoffnungen, ihre Ängste bedeutet. Ein Weizenkorn nehmen sie als Hoffnungszeichen mit nach Hause.

• *Vorbereitung*
Neben den Bibeln werden lose Weizenkörner in einer Schale benötigt und 30 «Getreidesäckchen» (in braune Papierservietten wird je ein Eßlöffel Weizen gefüllt, dann werden sie mit einem Bändchen zu einem «Sack» zusammengebunden).
Die Mitte ist wie ein «vierfaches Ackerfeld» gestaltet: Erde liegt dort, darauf Steine, Dornen und Federn. Die Schale mit Körnern steht neben der Bibel und der Kerze. Vier «Getreide-Säckchen» können schon in der Mitte stehen; die übrigen sollen noch nicht sichtbar sein.

• *1. Phase: Viel investieren*
Einstimmung. Die TN singen zu Einstimmung «Korn, das in die Erde» (EG 98) oder Lieder vom Weltgebetstag aus Korea 1997.
Erinnerung. L bittet die TN, sich – nur für sich – zu erinnern: *Habe ich schon einmal in eine Sache oder in einen Menschen viel investiert? Wann war das? Was habe ich riskiert? Habe ich alles auf eine Karte gesetzt? Kenne ich auch das Gefühl: Es war alles umsonst? Es ist alles verloren gegangen?*
Überleitung zum Gleichnis. L leitet ein: «Jesus hat ein Gleich-

nis erzählt, das diese Erfahrung ernst nimmt. Es ist das Gleichnis vom Säemann.» Mk 4,3-9 wird vorgelesen.

- *2. Phase: Hoffnungssaat säen*

Besinnung über die Hoffnungssaat. L erläutert:
Dies ist keine Geschichte aus unserem Alltag. Deshalb wollen wir zunächst versuchen zu verstehen, was es für einen Bauern zur Zeit Jesu bedeutete, auf's Feld hinauszugehen und zu säen.
Alle TN bekommen einige Weizenkörner in die Hand. L liest:
Ich bin ein Bauer. Ich lebe zur Zeit Jesu.
In den vergangenen Wochen haben wir wieder sehr gehungert. Die letzte Ernte war zwar gut, doch die Römer hatten viel Getreide für ihre Soldaten beschlagnahmt. Einiges mußten wir verkaufen, weil wir Geld für Kleidung und einen neuen Tisch brauchten.
Dann wurden unsere Getreidevorräte knapp. Die Brote, die meine Frau buk, wurden von Tag zu Tag kleiner. Die Kinder fingen an zu quengeln, weil sie nicht mehr richtig satt wurden. Und ich wußte: Da hinten steht noch ein Sack mit Getreide. Wir haben es für die nächste Aussaat zurückgelegt. Mehr als einmal war ich in Versuchung, den Sack aufzumachen, damit meine Frau daraus Brot backen kann. Aber nein, das ging ja nicht, denn dann hätte ich nichts zum Aussäen gehabt, und dann hätten wir bald noch viel schlimmer hungern müssen. So mußte ich meinen Hunger ertragen und das Weinen der Kinder.
Aber heute ist es so weit: Heute wird ausgesät! Ich streue die Körner auf den Boden. Und ich hoffe, hoffe sehr, daß die Ernte gut wird: daß kein Vogelschwarm einfällt und die Körner wegpickt; daß kein Sturm kommt und die Halme umdrückt; daß die Sonne nicht zu heiß niederbrennt und alles vertrocknet. Ich säe aus und hoffe, hoffe, daß alles gut geht.
Säen. L bittet die TN, sich ihre Körner noch einmal genau anzusehen:
Der Bauer hat viel investiert. Und auch ich habe schon viel inve-

stiert. Das alles liegt als Hoffnung und Erwartung auf diesen Körnern.

Dann sollen sie ihre Körner auf dem «Feld» in der Mitte aussäen. Die TN können spüren, daß es nicht leicht fällt, die Hoffnungssaat los- und ihrem Schicksal zu überlassen.

Was geschieht mit der Hoffnungssaat? Anhand der «Getreidesäckchen» erläutert L das Bild des Gleichnisses:

Was geschieht nun mit der Saat? Nehmen wir an, der Bauer hat diese vier Säcke mit Saat. (L zeigt auf die vier Säckchen in der Mitte.) Wenn er sie aussät, ist sie gefährdet: Vögel lauern, Disteln wachsen darüber, die Sonne brennt. Es wird Verlust geben. Nehmen wir den schlimmsten Fall an:

- *ein Viertel der Saat wird von Vögeln gefressen (L nimmt ein Säckchen weg).*
- *ein Viertel der Saat verdorrt in der Sonne (L nimmt das zweite Säckchen weg).*
- *ein Viertel wird von Gestrüpp erstickt (L nimmt das dritte Säckchen weg).*

Nun sind schon drei Viertel der kostbaren Saat verloren. Ist das nicht schrecklich?

Nur ein Viertel der Saat fällt auf guten Boden. Und was wird daraus? Nach einiger Zeit wird der Bauer ernten. Wieviel?

Nun holt L nach und nach die dreißig Getreidesäckchen hervor und läßt sie langsam nacheinander auf den Boden plumpsen:

Das ist das mindeste, was der Bauer ernten wird. Die drei Säckchen Verlust werden vielfach wieder wettgemacht.

Übrigens sprengt das Gleichnis die tatsächliche Ernteerfahrung: Der sechzigfache und erst recht der hundertfache Ertrag sind nicht «realistisch».

Impulse zum Nachdenken. Nun können die TN miteinander ins Gespräch kommen. Wenn dies nicht möglich ist, können sie im Stillen nachdenken. Sie erörten die natürliche und die geistliche Wahrheit dieses Hoffnungsgleichnisses. Die «natürliche» Wahrheit ist die Ermutigung, im Leben etwas zu riskieren, einen Einsatz zu wagen. Die «geistliche» Wahrheit ist das Herbei-

rufen der Hoffnung, daß Gott aus der überlebenden Saat eine überwältigende Ernte machen wird.
L hält den einen Vergleichspunkt des Gleichnisses fest:
Jesus erzählt dies Gleichnis seinen Jüngern und allen Christinnen und Christen, damit sie angesichts von Verlusten und scheinbaren Mißerfolgen nicht den Mut verlieren: Denn am Ende wird es eine große Ernte geben! So können auch wir es als Mutmachgleichnis für uns hören.

● *3. Phase: Festhalten und Mitnehmen*
Was rührt mich an? Die TN erhalten nun jeder ein Weizenkorn in die Hand und werden gebeten, eine Zeit der Stille zu teilen. In der Stille mögen sie über die beiden Fragen «Was rührt mich an?» und «Was will ich festhalten?» nachsinnen.
Es ist auch ein Austausch über die Fragen möglich.
Hoffnungssaat mitnehmen. L liest das Gleichnis noch einmal vor. Alle TN werden gebeten, das Weizenkorn mit nach Hause zu nehmen:
Es ist ein Hoffnungszeichen für Sie. Auch Ihre Saat der Hoffnung, Ihre Saat des Glaubens, Ihre Saat der Liebe wird aufgehen. Sicher, es wird Verlust geben. Doch viel, viel mehr wird am Ende aufgehen. Gott sorgt dafür.

7. «Wie ein Baum am Wasser» (Ps 1)
Bibelmeditation

«Meditation» heißt, sich auf das Wesentliche zu konzentrieren. So wird auch bei der Bibelmeditation ein Gedanke, ein Bild, ein Wort aus einem Bibelabschnitt bedacht und vertieft. Seine gedanklichen Implikationen und sein Zusammenhang können mit dieser Form nicht in aller Breite erschlossen werden. Dafür wird aber an einer Stelle große Tiefe erlangt.
Bibelmeditation ist vordergründig eine sehr individualistische Art der Bibelarbeit, da zunächst jede/r für sich in der Stille ist. Der Austausch untereinander erschließt aber einen Teil der

persönlichen Erträge für andere. Interessant ist zudem die Erfahrung vieler Meditationsgruppen, daß die gemeinsame Zeit der Stille ungeheuer verbindet, oft mehr als scheinbar kommunikativere, gemeinschaftlichere Formen.

- *Zum Bibeltext*

Die Verheißung, die Psalm 1 den Menschen zuspricht, die über Gottes Wort nachdenken und danach leben, gilt auch den Menschen, die sich zur lebensbezogenen Bibelarbeit zusammenfinden und sich der Bibel öffnen.
Wer aus Gottes Wort lebt, ist wie ein Baum, der direkt am Wasser gepflanzt ist. Das Bild von den Wasserbächen war in Israel jedem Menschen eingängig. Er brauchte nur an das Jordanquellgebiet und den Jordan selbst zu denken oder an die Quellen in Oasen. Diese Quellen haben einen direkten Zugang zu einer wasserführenden Schicht im Untergrund, die Wasser oft aus einer großen Entfernung in sonst wasserarme Gebiete transportiert.
«An den Wasserbächen» kann das Wasser um einen Baum herum auch in der größten Trockenheit nicht versiegen. Seine Wurzeln bekommen immer die richtige Menge an Feuchtigkeit, der Baum kann wachsen, seine Zweige ausbreiten und viele Früchte tragen. Ein solcher Baum teilt nicht das traurige Schicksal vieler anderer Bäume in dem sonst regenarmen Land: Man muß von Regenzeit zu Regenzeit bangen, ob genug Wasser zum Überleben kommt. Verspäteter oder gar ausbleibender Regen bedeutet ihr Ende.
Ein Mensch, der sich auf Gottes Wort verläßt und danach lebt, ist wie ein Baum an einer Quelle: Sein Leben ist gut gegründet. Er kann starke Wurzeln treiben. Er muß nicht fürchten, zu darben oder umzukommen. Trocken- und Dürrezeiten des Lebens kann er überstehen.
Aus dem Psalm spricht die Freude über Gott. So gesehen ist er auch offen für die Sehnsucht, daß doch alle Menschen (auch die «Gottlosen») dieses Verwurzeltsein in Gott, diese Getrostheit und Freude erfahren und teilen mögen.

• *Anliegen der Bibelarbeit*

Die Verheißung des Psalms gilt der «bibelnden Gemeinde»: Wir dürfen solche Bäume am nicht versiegenden Wasser werden. Dieses Bild soll deshalb in der Bibelmeditation im Mittelpunkt stehen und entfaltet werden.

Verschiedene Methoden aus der Meditations- und Kontemplationsarbeit werden dabei verwendet: schweigendes Sitzen, Wortmeditation und eine Imaginationsübung. Sie alle dienen dem Ziel, das Bild als gutes und heilsames Bild in sich aufzunehmen und als Zusage für sich selbst zu hören. Die Zeichenhandlung der Wassersalbung am Schluß macht das Meditierte auch sinnenhaft erfahrbar.

Wiederholt gesungene Liedverse gliedern die Bibelmeditation und helfen, ins Schweigen hinein und aus ihm wieder heraus zu finden.

Die Fragen, die die TN zum Psalm haben (z.B. Was geschieht mit den «Gottlosen»?), werden an diesem Abend zurückgestellt. Sie können aber an einem der folgenden Treffen zum Thema gemacht werden.

• *Vorbereitung*

In der Mitte steht neben Kerze und Bibel eine Schale mit Wasser. Die Stühle sollten so gewählt sein, daß die TN aufrecht und mit geradem Rücken darauf sitzen können.

Für alle TN liegen eine Bibel und ein Gesangbuch bereit (darin finden sich auch viele Taizé-Liedverse).

• *1. Phase: Erste Begegnung mit dem Psalm*

Stille zum Ankommen. L begrüßt die TN und lädt sie ein, zunächst innerlich anzukommen und das, was sie am Tag erlebt haben, abzulegen. Dazu singen sie mehrfach den Liedruf aus Taizé «Laudate omnes gentes». Dann schweigen sie fünf Minuten miteinander (ohne spezielle Sitzhaltung). Das Schweigen wird beendet, indem der Liedvers wieder angestimmt wird.

Auf Psalm 1 hören. L liest den Psalm mehrfach vor, die TN hören ihm zu. Dann tauschen sie sich ein paar Minuten mit dem Nachbarn/der Nachbarin aus: Wo finde ich mich in dem Psalm wieder?

- *2. Phase: Dem Psalm schweigend begegnen*

Information. L erläutert:
Wir wollen uns heute dem Bild zuwenden, das der Psalm beschreibt und das auch uns allen gilt: daß wir werden wie Bäume an der Quelle.
L beschreibt, daß Quellgebiete in Israel selten sind und die Existenz von Oasen wie ein Wunder anmutet.
Phantasieübung. In der Phantasieübung können die TN imaginieren, was es bedeutet, ein Baum an der Quelle zu sein.
L bittet die TN, sich bequem auf ihren Stuhl zu setzen und ein paarmal bewußt auszuatmen. Eine Alternative ist, daß sich die TN dazu auf Decken legen.
Wir wollen uns in unserer Phantasie ausmalen, was es heißt, ein Baum an der Quelle zu sein. Falls Sie zu den Menschen gehören, denen es schwer fällt, solche inneren Bilder zu entfalten, so grämen Sie sich bitte nicht und genießen Sie einfach das stille Dasein.
L bittet die TN, die Augen zu schließen. Mit ruhiger Stimme führt sie/er die TN langsam durch die Phantasieübung:
Ich bin ein Baum. Ich habe Wurzeln, sie gehen tief ins Erdreich hinunter. Ich habe Äste, die reichen hoch in die Luft hinaus. Daran hängen Blätter und Früchte.
Um meine Wurzeln herum ist es schön feucht, nicht zu viel und nicht zu wenig. Die Erde ist weich, ich bekomme viel Nahrung aus ihr. Es geht mir so richtig gut. Ich lasse meine Äste im Wind wiegen. Meine Blätter lasse ich tanzen. Meine Früchte sind prall, ich kann es spüren. Es ist schön, ein Baum an der Quelle zu sein.
Aber: Was wird sein, wenn das Wasser einmal versiegt? O nein, das darf nicht sein! Dann werde ich ganz trocken! Meine Wur-

zeln werden knochenhart, mein Stamm wird rissig, die Äste knicken ab! Ich werde stöhnen und versuchen, Nahrung zu ziehen, aber nichts kriegen. O nein, das darf nicht sein!
Ach, ein Glück, es wird auch nicht sein! Denn aus meiner Quelle kommt ja immer Wasser nach. Ich spüre es, jeden Morgen, jeden Mittag, jeden Abend: Die Feuchtigkeit kommt zu mir herüber, immer so, wie ich es brauche. Ich muß mich nicht fürchten!
Es tut gut, solch ein Baum zu sein! Ach, ich wünsche mir, daß es alle Bäume auf der ganzen Welt so gut haben könnten!
Ich freu mich! Ich lasse meine Äste wiegen und meine Blätter tanzen. Ui, was kitzelt da? Ach, der wieder, der kleine Vogel, der so gerne meine Früchte pickt. Na, laß es dir gut schmecken!
Ich kann abgeben, denn es strömt nach. Wasser und Leben, Kraft und Freude; Wasser für jede meiner Zellen, Wasser ohne Ende.»
Nachsinnen und Austausch. Die TN bleiben noch ein wenig in der Stille sitzen bzw. liegen und sinnen ihrem inneren Bild nach. Dann können sie sich in Zweier- oder Dreiergruppen erzählen, wie es ihnen mit der Phantasieübung ging.

- *3. Phase: Den Psalm erspüren*

Verinnerlichung im Schweigen. Die TN nehmen die Haltung des schweigenden Sitzens ein (vgl. S. 79).
Im Schweigen halten wir uns Gott hin. Und wir kommen mit unseren Gedanken immer wieder zu dem Satz zurück, den ich aus Gottes Zusage ableiten darf: Ich bin ein Baum an der Quelle.
So können die TN das Bild vom Baum an der Quelle mit ihrer Gegenwart verbinden.
Mit dem Liedvers «Du willst die Fülle des Lebens mir geben; du bist der Weg und die Wahrheit, das Leben» (auf die Melodie des Taizé-Liedes «Oculi nostri») werden die TN in das Schweigen hinein geleitet; L beschließt nach zehn Minuten das Schweigen, indem der Wiederholgesang erneut angestimmt wird.

Wasser-Salbung. Daß wir an einer Quelle leben, die nicht versiegt, müssen wir gegen die Alltagswirklichkeit immer wieder erfahren. Dies wird durch eine Zeichenhandlung unterstützt: Die TN werden mit Wasser gesalbt.
L nimmt die Schale mit Wasser, taucht den Finger hinein und malt jeder/m TN ein Kreuzzeichen mit Wasser in die Hand. Dies erinnert sie an das «Wasserzeichen Gottes», die Taufe, und Gottes Versprechen: «Ich bin bei dir alle Tage.«

8. «Die Jahre fahren dahin» (Ps 90)
Biographischer Zugang

«Die Zeiten meines Lebens» und Psalm 90 – diese beiden Themen werden in der Bibelarbeit verbunden. Sie eignet sich gut als biblische Besinnung zum Jahresanfang.

- *Zum Bibeltext*

Aus jedem Vers des Psalms spricht die Erfahrung menschlicher Vergänglichkeit. Dahinter steht aber, so erkennt der Beter, kein blindes Schicksal, sondern Gott selbst. Er hat alles Leben geschaffen und hält es in seiner Hand; er ist ebenso für Fülle wie für die Vergänglichkeit des menschlichen Lebens verantwortlich.
Warum das menschliche Leben vergänglich ist, diese Frage beantwortet der Beter mit dem Hinweis auf die menschliche Schuld. Der Mensch macht sich schuldig durch dunkle Gedanken und böse Taten. Darauf reagiert Gott mit seinem Zorn, und dessen Folge ist der Tod. Wer dies erkennt, für den müßte nach Vers 12 jeder Leichtsinn und alle Oberflächlichkeit an ihr Ende kommen.
Die Einsicht, daß unser Sterbenmüssen mit Gottes Zorn zusammenhängt, führt den Beter aber nicht zur Schwermut, sondern zur Bitte um Gottes Erbarmen. Wenn wir Gott bekennen, daß wir schuldig werden und daß wir trotz aller Bemühungen in Böses verstrickt sind, dann antwortet Gott mit seiner «Gna-

de»: mit seiner Freundlichkeit und Sympathie. Dann schenkt er neben und in aller Vergänglichkeit auch erfülltes Leben und Fröhlichkeit. Gott kann dem Menschen neben die Realität der Vergänglichkeit auch die Realität der «Fülle des Lebens» stellen.

- *Anliegen der Bibelarbeit*

Psalm 90 gehört zu den bekannteren Psalmen. Vers 10 «Unser Leben währet siebzig Jahre, und wenn's hoch kommt, so sind's achtzig Jahre, und was daran köstlich scheint, ist doch nur vergebliche Mühe» oder Vers 12 «Lehre uns bedenken, daß wir sterben müssen» sind für viele Menschen ein Lebensmotto geworden.
Weil dieser Psalm so ernst und zugleich so trostvoll von unserem Leben handelt, regt er geradezu dazu an, über das eigene Leben nachzusinnen. Deshalb führt der Zugang zu Psalm 90 in dieser Bibelarbeit über das eigene Leben und die Fragen: «Was ist in meinem Leben flüchtig? Was ist in meinem Leben bleibend?» Diese Besinnung ist sehr privat und intim. Deshalb wird sie auch ohne Austausch durchgeführt. Jede/r kann also selbstkritisch-ehrlich und ohne Furcht vor möglichem «Outen» auf sein bisheriges Leben zurückblicken.
Nach der Einzelarbeit wird der Psalm in Gruppen besprochen und erarbeitet: Psalm 90 deutet unsere Lebenserfahrung und gibt Hilfen und Anregungen zu einem erfüllten Leben.
Am Ende der Bibelarbeit bedenken und besprechen die TN, welches ihre eigenen persönlichen nächsten Schritte hin zu weniger flüchtigem und mehr erfülltem Leben sein können. Ein Knoten im Taschentuch soll dafür sorgen, daß sie dies nicht vergessen. Die Bibelarbeit schließt mit Gottes Zusage, die über unserem Leben steht: «Ich bin bei euch alle Tage».
Die Grundgedanken der Bibelarbeit können auch auf die Biographie einer Gemeinde oder einer Gruppe übertragen werden (z.B. Hauskreis oder Kirchenvorstand).
Viele Gesangbuch-Lieder zum Jahreswechsel nehmen Psalm

90 und seine Themen auf. Diese Lieder können die Bibelarbeit begleiten und gliedern – auch dann, wenn sie nicht im Januar gehalten wird.
Außerdem schlagen wir vor, den Psalm mehrfach in unterschiedlichen Übersetzungen zu lesen. Die Lesungen schaffen eine – dem Psalm 90 angemessene – besinnliche Grundstimmung. Und durch die verschiedenen Übersetzungsvarianten werden auch weitere inhaltliche Anregungen gegeben.

- *Vorbereitung*

In die Mitte können neben Kerze und Bibel z.B. Kalender oder Uhren gelegt werden, die die Zeit und ihre Flüchtigkeit symbolisieren.
Allen TN soll Psalm 90 in der Lutherübersetzung (als Kopie oder in der Bibel) vorliegen.
Das Arbeitsblatt «Die Jahre meines Lebens» ist ein quergelegtes DIN-A5-Blatt, das in fünf Spalten aufgeteilt ist.
Für jede/n TN wird außerdem ein Gesangbuch und ein Papiertaschentuch gebraucht.
Die Lesungen stammen aus verschiedenen Psalmenübersetzungen, z.B. Jörg Zink, Gute-Nachricht-Bibel o.ä.

- *1. Phase: Biographischer Zugang*

Lied und Lesung. Die TN singen vom Lied «Der du die Zeit in Händen hast» (EG 64) die erste bis dritte Strophe. Psalm 90 wird in der Lutherübersetzung gelesen. Die TN singen nun die vierte bis sechste Strophe des Liedes.
Die Jahre meines Lebens. L führt ein:
Die Jahre fliegen dahin – diese Erfahrung machen wir alle, umso mehr, je älter wir werden. Und zugleich gibt es die gegenteilige Erfahrung: Es gibt in unserm Leben auch bleibende, bedeutende Jahre. Wir wollen uns heute Zeit nehmen, auf unser Leben zurückzublicken und zu schauen, welche Jahre bleibende Jahre waren. Das tun Sie nur für sich selbst, d.h. wir werden über das, was wir nun bedenken, nicht sprechen.

Die TN erhalten das Arbeitsblatt «Die Jahre meines Lebens». L nennt jeweils die Aufgabe zu einer Spalte; die nächste Spalte wird erst bedacht, wenn alle mit der vorherigen fertig sind. L bittet die TN:
Schreiben Sie in die linke Spalte oben ihr Geburtsdatum und darunter alle Jahre Ihres Lebens, die wichtig für Sie waren: in denen Entscheidendes passierte, wo Weichen gestellt wurden, die denkwürdigen Jahre ihres bisherigen Lebens.
Wenn alle TN fertig sind, erläutert L die nächste Spalte:
Versuchen Sie nun, aus den wichtigen Jahren die zehn wichtigsten herauszufiltern. Schreiben Sie sie in die zweite Spalte.
L wartet, bis alle TN damit fertig sind.
Überlegen Sie nun, welches von diesen zehn Jahren die fünf wichtigsten waren und notieren Sie sie in der dritten Spalte.
Wieder wartet L ab, bis alle dies getan haben.
Suchen Sie bitte aus den fünfen die drei wichtigsten heraus und schreiben Sie in die vierte Spalte.
Und wenn alle damit fertig sind:
Nun versuchen Sie herauszufinden, welches das wichtigste dieser drei Jahre war und schreiben es in die fünfte Spalte.
Die TN bekommen noch einige Minuten Zeit, dem nachzusinnen. Dann erläutert L:
Die Jahre fliegen dahin – das stimmt, denn sie vergehen allzu schnell. Und doch gilt auch: Es gibt bleibende Erinnerungen, besondere, Weichen stellende Jahre. Es ist Ihnen sicher schwergefallen, wichtige Jahre auszuscheiden. Sie spüren, wie viele wichtige und prägende Jahre es in Ihrem Leben gibt. Freuen Sie sich daran! Und halten Sie fest, welche Ereignisse und Jahre die entscheidenen Ihres Leben sind. Sie zeigen, was für Sie zählt. Falten Sie bitten nun den Zettel zusammen und stecken ihn ein – er geht nur Sie etwas an!
Vom Lied «Jesus ist kommen» (EG 66) werden die Strophen abwechselnd gesungen und gelesen.

● *2. Phase: Die Aussagen des Psalms*

Lesung. Psalm 90 wird in der Übersetzung der Gute-Nachricht-Bibel gelesen.

Gruppenarbeit. In kleinen Gruppen suchen die TN aus Psalm 90 Antworten auf die beiden Fragen:

* *Was macht unsere Jahre flüchtig?*

* *Was / wer macht unsere Jahre bleibend?*

Eine/r aus der Gruppe notiert die Ergebnisse.

Lesung. Psalm 90 wird in der Übertragung von Jörg Zink gelesen.

Austausch im Plenum. Die TN tragen die Ergebnisse ihrer Gruppenarbeit zusammen: die Vergänglichkeit ist Folge der menschlichen Schuld; erfüllte Jahre sind Gottes Geschenk, seine Gnade. Die «doppelte Realität» von Nichtigkeit und Erfüllung, die der Beter von Psalm 90 beschreibt, wird herausgearbeitet.

● *3. Phase: Der Knoten im Taschentuch*

Lied und Lesung. Das Lied «Hilf, Herr Jesu, laß gelingen» (EG 61; auf die Melodie von «Tut mir auf die schöne Pforte») wird gesungen und Psalm 90 ein weiteres Mal gelesen.

Besinnung. *Dieses Jahr/jedes Jahr soll ein bleibendes Jahr werden. Was wünsche ich mir dazu von Gott? Und: Was will ich dafür investieren?*

Diese Fragen besprechen die TN in kleinen Gruppen. Anschließend bittet L die TN, einen Gedanken aus diesem Gespräch für sich festzuhalten. Alle bekommen ein Taschentuch, in das sie einen Knoten hineinmachen und mitnehmen: Der Knoten im Taschentuch soll sie auch in den kommenden Wochen daran erinnern, was sie sich für dieses Jahr wünschen.

Impuls. L beendet die Bibelarbeit mit der Zusage:

Ganz gleich, wie dieses Jahr in Ihrer Lebensbilanz aussehen wird, ob es ein flüchtiges oder ein prägendes Jahr wird: Über diesem Jahr steht wie über allen anderen Gottes Zusage an uns: «Ich bin bei euch alle Tage». Unter diesem Versprechen können Sie getrost in dieses Jahr gehen.

Lied. Zum Abschluß singen die TN «Vertraut den neuen Wegen» (EG 395).

9. «Lauter Lebeworte» (Ps 118 – Luthers Lieblingspsalm) Bibelarbeit zu einem kirchengeschichtlichen Thema

«Es ist mein Psalm, den ich liebhabe» – Psalm 118 war Luthers Lieblingspsalm. Er nannte ihn nach seinem lateinischen Anfangswort «das schöne Confitemini». In dem Widmungsschreiben, das er seiner Auslegung voranstellte, spricht seine Liebe zu diesem Psalm aus jedem Satz.
Luther schrieb Auslegung und Widmung 1530 auf der Veste Coburg, wo er den Nachrichten vom Augsburger Reichstag entgegenfieberte. Dort stand ja die Sache der Evangelischen zur Entscheidung an. Daß er in einer solchen Situation geradezu zärtliche Worte für den Psalm finden konnte, zeigt, wieviel Trost und Aufmunterung er damals, wie schon viele Male zuvor, aus ihm zog: «Er hat sich auch gar oft redlich um mich verdient gemacht».
Zudem steht dieser Psalm auch pars pro toto für die ganze Bibel. Denn alles, was Luther über Psalm 118 sagt, will er auch für die ganze Heilige Schrift gelten lassen. «Lauter Lebeworte» nennt Luther die Worte der Bibel. Es sind wohltuende Worte, die das Leben begleiten und bereichern, die deuten, trösten, aufrütteln, fröhlich machen . . .

- *Zum Bibeltext*

Im 118. Psalm begegnet uns eine Vielzahl von Themen, die uns und unser Leben berühren: Angst und Bedrängnis, Freude und Jubel, Bewahrung und Hilfe.
Seltsam mutet an, daß der Psalm fast nie konkret wird. Es bleibt verhüllt, wer die Feinde sind, welche Angst der Psalmist aussteht, wie er genau gerettet wurde. Greifbar ist nur sein tiefes Gottesvertrauen: Fast jeder Vers nennt den «Herrn».
Auffällig ist, wie der Psalmist die Zeiten miteinander verbindet.

In der Vergangenheit, so erkennt er im Rückblick, begegnete ihm Gott in allem (auch im Leid, V. 18). Das prägt seine Gegenwart, und dies erwartet er auch in der Zukunft.
Es gibt im Psalm auch Passagen, die uns fremd sind und uns verwirren. Die Verwünschung der Feinde, ja der Wunsch nach ihrer gewaltsamen Vernichtung (V. 10-12) im Namen Gottes wirft die Frage nach dem Gottesbild des Psalmbeters auf.
Der «Sitz im Leben» des Psalms ist wohl die Torliturgie einer Wallfahrt. Auf besondere Weise verbindet Psalm 118 dabei den Dank des Individuums mit dem Lob der Gemeinde: Das «Danklied des einzelnen» (V. 1-21) wird von der Gemeinschaft aufgenommen (V. 22-29).
Insgesamt entzieht sich der Psalm allen Versuchen, ihn zu systematisieren und in ein gedankliches «Korsett» zu zwingen. Aber gerade deshalb ist der Psalm so offen für uns. Wir können uns mit dem Psalmbeter identifizieren. Wir können die Spuren unseres Lebens in dem alten Lied wiederentdecken.
Zugleich wirkt der Psalm in unser Leben hinein: Er schenkt uns Worte, die unser Erleben und unsere Gefühle verdichten. Und er weist uns hin auf eine Zukunft, die Gottes Zukunft ist.
«Danket dem Herrn, denn er ist freundlich, und seine Güte währet ewiglich» lauten der erste und letzte Vers. Man kann ihn auch so übersetzen: «Vertraut dem Herrn, denn gut ist er – auf ewig bleibt er uns verbunden.»
Dankbare Erinnerung und getroste Gewißheit umfassen den Psalm wie eine Klammer. Die Bewahrung durch Gott wird sich immer wieder bewähren. Solches Zutrauen teilte Martin Luther mit dem Psalmbeter. Und beide laden uns Heutige ein, dieses Vertrauen mit ihnen zu teilen.

- *Anliegen der Bibelarbeit*

Das Ziel dieser Bibelarbeit ist es, die Worte des Psalms für die TN als «Worte für das Leben», als aufbauend und tröstend erfahrbar zu machen. Sie ist also seelsorgerlich-meditativ konzi-

piert. Das Leben der TN, das Leben Martin Luthers und der Psalm werden dazu miteinander verwoben.
Dies geschieht mit Hilfe eines durchgängigen, einfachen Mediums: Farbige «Fußspuren» symbolisieren die Lebensspuren Martin Luthers, des Psalmisten und unseres Lebens. Sie werden neben einzelne Psalmverse gelegt bzw. geheftet. Am Ende der Bibelarbeit haben die drei Lebenswege den Psalm sichtbar «durchzogen». Es wird sichtbar vor Augen gestellt, wie sehr die Wortes dieses Psalms «lauter Lebeworte» sind.
Diese Bibelarbeit entstand im Zusammenhang mit dem Luthergedenken zu seinem 450. Todestag 1996. In der Gemeinde könnte sie um den Reformationstag herum durchgeführt werden.

- *Vorbereitung*

Die TN sollten den Psalm gut lesbar vor Augen haben. Dazu wird Psalm 118 abschnittsweise hochkopiert (jeweils 4-6 Verse auf ein DIN-A4 oder DIN-A3-Blatt). Die Abschnitte werden in der richtigen Reihenfolge auf den Boden in die Mitte des Stuhlkreises gelegt und mit einigen Zweigen dekoriert, so daß der Eindruck eines Weges entsteht. Bibel und Kerze kommen dazu.
Außerdem brauchen Sie einen dicken Filzstift, Stifte für die TN, das Widmungsschreiben Luthers, Gesangbücher sowie Tücher, Bibel, Kerze und Zweige für die gestaltete Mitte.
Als Symbol für die Lebensspuren werden «Fußspuren» gemalt, auf farbiges Papier kopiert und ausgeschnitten (s.S. 190, Abb. 6):

- etwa 15 blaue Spuren, um die Lebensspuren des Psalmisten zu notieren.
- je eine gelbe Spur für jede/n TN; sie wird ihre eigene Verbindung mit dem Psalm signalisieren.
- 11 rote Spuren, auf denen Stationen aus Luthers Leben beschrieben werden. Mit Hilfe einer Lutherbiographie lassen sich diese Stationen in kurzen Texten beschreiben. Wichtig

ist, daß darin Luther als Mensch mit seinen Gefühlen erkennbar wird. Unsere Vorschläge können Sie natürlich verändern bzw. ergänzen.

1505 Gelübde
Anfang Juli 1505 gerät Luther beim Dorf Stotternheim in ein Gewitter. Ein Blitz versetzt ihm einen solchen Schreck, daß er ausruft: «Hilf, Heilige Anna! Ich will ein Mönch werden!» Dieses Gelöbnis will Luther halten. Zwar versuchen seine Familie und seine Freunde, ihn davon abzuhalten, doch er bleibt dabei. Am 17. Juli 1505 betritt er, nach zwei Wochen intensiver Bedenkzeit, das Augustiner-Eremiten-Kloster in Erfurt.

1510/11 Reise nach Rom
Als Luther nach Rom gesandt wird, um dort Fragen des Ordenslebens zu klären, reist er mit großer Freude dorthin. Er begrüßt die Heilige Stadt überschwenglich. Doch Rom wird für ihn zur herben Enttäuschung: Er trifft auf unfähige Priester, die die Messe unkonzentriert lesen; er erlebt, daß Priester offen über die Sakramente spotten; er hört auch frechen Spott über die deutschen Mönche mit ihrem Bemühen, fromm und ernsthaft zu leben. Luther reist entsetzt und bitter zurück.

1513 Turmerlebnis
Als Luther sich im Turmzimmer des Wittenberger Klosters auf eine Psalmenvorlesung vorbereitet, hat er plötzlich eine neue Erkenntnis: Nicht ich muß mich vor Gott gerecht machen, sondern Gott macht mich gerecht. Diese biblische Erkenntnis ist für Luther ein Durchbruch und wie eine Erlösung: lange Angstnächte sind vorbei, die Nähe zum gnädigen Gott ist gefunden. Luther fühlt sich wie neugeboren.

1517 Thesenanschlag
Am 31. Oktober 1517 schlägt Luther «95 Thesen über den Wert des Ablasses» an der Tür der Wittenberger Schloßkirche an. Er prangert darin die Ablaßpraxis der Kirche an. Damit greift er auch die Kirche selbst frontal an. Die Thesen sind als wissenschaftlicher Diskussionsbeitrag gedacht, finden aber rasch auch im Volk weite Verbreitung.

1520 Bann
In den Jahren 1517 bis 1520 verteidigt Luther seine Ablaßthesen auf verschiedenen Disputationen, und er baut seine Kritik an der römischen Kirche weiter aus. Dies bringt ihm die Anklage wegen Ketzerei ein. Am 15. Juni 1520 spricht der Papst die Bann-Androhung aus: Wenn Luther nicht binnen 60 Tagen widerruft, wird er aus der Kirche ausgeschlossen. Luther, der den Papst schon zuvor als «Antichrist» bezeichnet hat, kann sich ihm nicht unterwerfen. Am 10. Dezember 1520 verbrennt er öffentlich die Bannandrohungs-Bulle.

1521 Reichstag zu Worms
Am 18. April 1521 muß sich Luther vor der weltlichen Macht, dem Kaiser und den Reichsfürsten verantworten. Er soll seine Thesen widerrufen. Doch Luther beruft sich auf seine Bibelstudien und sein Gewissen; dagegen kann er nicht sprechen. «Ich kann nicht anders. Hier stehe ich: Gott helfe mir. Amen.» so endet seine Rede. Der Reichstag verhängt die Reichsacht über Luther.

1521-1522 Wartburg
Auf dem Rückweg von Worms wird Luther von Leuten seines Kurfürsten «entführt» und auf die Wartburg gebracht. Dort lebt er einige Monate verborgen als «Junker Jörg» und

übersetzt das Neue Testament ins Deutsche. Luther leidet unter der erzwungenen Einsamkeit. Mit Sorge hört er von Ausschreitungen und Bilderstürmen seiner Anhänger.

1525 Hochzeit
Am 13. Juni 1525 heiratet Luther Katharina von Bora. Sie war mit anderen evangelisch gesinnten Nonnen aus dem Kloster geflohen. Seine Hochzeit wird von seinen Gegnern mit bösem Spott bedacht. Aus der Verbindung des ehemaligen Mönchs und einer entflohenen Nonne könne nichts anderes als der Antichrist hervorgehen, heißt es. Für Luther ist seine Heirat ein Zeichen, daß er Gottes Willen befolgt, der ja die Ehe geboten hat. Aber Luther heiratet auch, weil er sich einsam und verwahrlost fühlt.

1530 Coburg
Auf dem Augsburger Reichstag steht 1530 die Sache der Evangelischen wieder auf der Tagesordnung. Luther kann nicht mitreisen, denn er ist (bis zu seinem Lebensende) in der Reichsacht. Also reist Luther mit der evangelischen Delegation bis ans äußerste Ende Kursachsens mit und bleibt dort auf der Veste Coburg. Er wartet angespannt auf Nachrichten von den Verhandlungen in Augsburg. «Ich werde nicht sterben, sondern leben und des Herrn Werke verkündigen», Ps 118,17, schreibt er sich als Mutmachwort gegen Angst und Einsamkeit an die Wand.

1537 Todesangst
Nierensteine hat Luther oft. 1537 sind sie lebensbedrohlich: Der Leib schwillt an; Luther hat unerträgliche Schmerzen. Er schließt mit seinem Leben ab, regelt seine Sachen, schreibt einen Abschiedsbrief an Käthe. Doch dann geht der Stein ab. Die Qualen haben ein Ende.

1542 Tod der Tochter
Luther muß zwei Kinder begraben: Elisabeth, 1527 geboren, stirbt als Säugling 1528. Magdalene, 1529 geboren, stirbt als Dreizehnjährige. Ihr Tod hat Luther tief erschüttert und jahrelang belastet.

• *1. Schritt: Spuren in Martin Luthers Leben*

Hinführung. Zur Einstimmung werden «Nun saget Dank und lobt den Herren» (EG 294) und das Taizé-Lied «Confitemini domino» gesungen.
Die TN werden kurz in Luthers Situation auf der Veste Coburg 1530 eingeführt. Aus dem Widmungsschreiben werden der zweite (ab: «Denn es ist mein Psalm . . .») und der dritte Absatz vorgelesen.

Luthers Widmungsschreiben zu seiner Auslegung des 118.Psalms «Das schöne Confitemini», 1530

An den ehrwürdigen Herrn Friedrich,
Abt zu St. Ilgen in Nürnberg.
Meinem wohlgesinnten Herrn und Gönner Gnade und Friede in Christus, unsrem Herrn und Heiland!

Ehrwürdiger, lieber Herr und Gönner, ich wollte mich gerne für die Liebe und Gunst, die Ihr mir erwiesen habt, dankbar erzeigen, bin aber, weltlich gerechnet, ein armer Bettler; und selbst wenn ich viel hätte, ist doch Eure Art und Stellung so, daß ich Euch damit nichts Besonderes erweisen könnte. So habe ich mich an *meinen* Reichtum gehalten, der in meinen Augen mein Schatz ist, und meinen lieben Psalm mir vorgenommen, das schöne Confitemini; ich habe meine Gedanken darüber zu Papier gebracht, weil ich hier in der Wüste so viel Zeit habe und doch manchmal ausruhen und unterbrechen muß, um das Haupt zu entlasten von der größeren Arbeit, nämlich die Propheten vollends zu verdeutschen (ich hoffe, sie auch bald fertigzubekommen).

Was ich dabei dachte, wollte ich Euch schriftlich mitteilen und schenken. Besseres habe ich nicht; obschon es bei manchen als ein großes, vielleicht auch als ein wertloses Gewäsch angesehen werden mag, so weiß ich doch, daß nichts Böses oder Unchristliches darin ist. Denn es ist mein Psalm, den ich liebhabe. Obwohl der ganze Psalter und die Heilige Schrift im ganzen – die mein einziger Lebenstrost ist – mir auch lieb sind, bin ich doch besonders an diesen Psalm geraten, daß er der meine heißen und sein muß. Denn er hat sich auch gar oft redlich um mich verdient gemacht und mir aus manchen großen Nöten geholfen, wo mir sonst kein Kaiser und keine Könige, Weisen, Klugen oder Heiligen hätten helfen können. Und er ist mir lieber als des Papstes, Türken, Kaisers und aller Welt Ehre, Gut und Macht; ich wollte auch höchst ungern um diesen Psalm mit ihnen allen tauschen.

Wenn aber jemand mich sonderbar ansehen wollte, weil ich diesen Psalm als meinen Psalm rühme, während er doch aller Welt gleich zu eigen ist, so wisse er, daß der Psalm dadurch, daß er mein ist, niemand genommen wird. Christus ist auch mein und bleibt gleichwohl für alle Heiligen derselbe Christus. Ich will nicht neidisch sein, sondern ein fröhlicher Mitteiler. Und wollte Gott, daß alle Welt den Psalm so als ihr Eigentum anspräche wie ich! Das sollte der freundschaftlichste Zank werden, mit dem kaum irgendeine Einhelligkeit und Liebe zu vergleichen sein dürfte. Es gibt leider nur wenige (auch unter denen, die es eigentlich den andern darin zuvortun sollten), die zur Heiligen Schrift oder zu einem einzigen Psalm ihr Leben lang einmal von Herzen sagen: du bist mein liebes Buch, oder: du sollst mein eigenes Psälmlein sein.

Es ist freilich eine der größten Plagen auf Erden, daß die Heilige Schrift so verachtet ist, auch bei denen, die dazu von Amts wegen bestellt sind. Alle anderen Sachen, Künste, Bücher treibt und übt man Tag und Nacht, und das Arbeiten und Mühen nimmt da kein Ende. Nur die Heilige Schrift läßt man liegen, als brauche man sie nicht. Und die ihr soviel Ehre antun, sie einmal zu lesen, die können es alles im Fluge; nie ist eine Kunst oder ein Buch auf Erden gekommen, die jedermann so bald ausgelernt hat

wie die Heilige Schrift. Und es sind ja doch nicht Leseworte, wie sie meinen, sondern lauter Lebeworte darin, die nicht zum Spekulieren und hohen Betrachtungen, sondern zum Leben und Tun hergesetzt sind. Aber unser Klagen hilft nichts. Sie achten doch nicht darauf. Christus unser Herr helfe uns durch seinen Geist, sein heiliges Wort mit Ernst zu lieben und zu ehren! Amen.
Damit befehle ich mich Eurem Gebet.
Aus der Wüste, am 1. Juli 1530.

Lesung des Psalms. Nun wird Psalm 118 abschnittsweise von verschiedenen TN vorgelesen.
Luthers Lebensspuren. «Er hat sich um mich verdient gemacht«, sagt Luther zu diesem Psalm. Dies wird nun vertieft. Die TN spüren nach, warum Luther solche Aussagen über den Psalm machte und wo sich seine Lebensspuren in den Worten des Psalms wiederfinden lassen.
Dazu werden die elf roten Spuren unter den TN verteilt. Die Texte werden von den TN in der biographischen Reihenfolge vorgelesen. Eventuell werden noch weitere Informationen zu den Ereignissen ausgetauscht.
Die TN überlegen jeweils, wo sich diese Lebensspur mit dem Psalm berührt und welcher Psalmvers sich in dieser Lage um Luther «verdient gemacht» haben könnte. Die Spuren werden jeweils zu dem ausgewählten Psalmvers gelegt.
Auswertung. Es wird offensichtlich, an wie vielen Stellen Luthers Leben und der Psalm verbunden werden können. «Es sind lauter Lebeworte«, hat Luther gesagt – hier wird deutlich, wie das zu verstehen ist.

• *2. Schritt: Lebensspuren der Psalmbeter*
Lesung. Der Psalm wird ein zweites Mal gelesen.
Die Lebensspuren des Psalmisten. Die TN versuchen, im Psalmtext Spuren aus dem Leben derer zu finden, die diese Worte formten. Welche Erfahrungen, welche Gefühle, welche Ereignisse bewegten sie?

Die Entdeckungen werden auf den blauen Spuren notiert und neben die Verse gelegt bzw. geheftet. Dabei werden auch Verständnisfragen geklärt. In einem deutenden Gespräch werden die Schwerpunkte, die Eigenheiten und die Botschaft des Psalms benannt.

- *3. Schritt: Spuren meines Lebens*

Hinführung. Bevor die dritte Spur durch diesen Psalm gelegt wird, soll Luther nochmals zu Wort kommen. Dazu wird der letzte Absatz des Widmungsschreibens gelesen.
Meine Lebensspuren. Die TN bedenken in der Stille: Wo sind die Worte des Psalms für mich «Lebensworte»? Wo berühren sich meine Lebensspuren mit diesem Psalm? Wo geben sie mir heute Richtung, Hoffnung, Trost, Freude . . .
Die TN erhalten gelbe Spuren. Sie überlegen, neben welchen Vers sie ihre Spur legen möchten. Wenn sie wollen, können sie ein Ereignis aus ihrem Leben auf die Spur schreiben.
Nun legen die TN ihre Fußspuren neben den Psalm. Sie können erzählen, weshalb sie diesen Vers wählten. Bei großen Gruppen findet das persönliche Gespräch in Kleingruppen statt, damit alle zu Wort kommen können.
Vers 17. Nun begleiten drei Spuren den Psalm. Seine Verse sind offensichtlich «lauter Lebeworte».
Luther meint das nicht nur für diesen Psalm, sondern für die ganze Bibel. Auf jeder Seite der Bibel können Lebeworte entdeckt werden. An machen Stellen wird das sofort deutlich, an anderen wird man sich abmühen müssen – oder auch eine andere Lebenslage abwarten, in der das Bibelwort sprechend werden wird.
1530, auf der Veste Coburg, «in der Wüste», nahm Luther ein Stück Kreide und schrieb einen Vers an die Wand seines Zimmers: «Ich werde nicht sterben, sondern leben und des Herrn Werke verkündigen.» Er wollte dieses Mutmach-Wort immer vor Augen haben. Und so schrieb er es sich in sein Gedächtnis und in sein Herz.

Segen. Dieser Vers wird den TN zum Schluß als Lebewort und als Segenswort zugesagt. Sie können ihn (oder einen anderen Vers des Psalms) auf die Rückseite «ihrer» Spur schreiben und zu Hause an die Wand heften (statt Luthers Kreidetext). So kann er auch für sie ein Mutmach-Wort werden und bleiben.

10. «Ich glaube an den dreieinigen Gott» (Trinität und Trinitätslehre)

Bibelarbeit zu einem systematisch-theologischen Thema

Oft scheinen systematisch-theologische Fragestellungen weder mit unserem Leben noch mit der Bibel viel zu tun zu haben. Und noch viel weniger scheinen sie sich für «lebensbezogene Bibelarbeit» zu eignen. Diese Bibelarbeit ist der Versuch, es am Beispiel der Trinitätslehre zu wagen, ein systematisches Thema mit Hilfe der Bibelarbeit aufzunehmen.
Eine solche Bibelarbeit kann der Einstieg oder die Motivation zu einem Gemeindeseminar über die Trinitätslehre sein, in dem die kirchen- und theologie eschichtlichen Hintergründe erläutert werden. Auch durch eine Predigtreihe kann das Thema vertieft werden.

- *Anliegen der Bibelarbeit*

Ein Rätsel können wir erforschen und lösen, «knacken» wie eine Nuß. Ein Geheimnis aber würden wir auf diese Weise zerstören – vor einem Geheimnis können wir nur staunend stehen und warten, bis es sich von selbst öffnet wie eine Knospe.
Die Unterscheidung von Rätsel und Geheimnis (wir verdanken sie dem Evangelisten Klaus Vollmer) scheint uns eine gute Grundlage für einen Gemeindebibelabend zum Thema «Trinität» zu sein: Wir können entdecken, daß biblische Texte die Frage aufwerfen, wie denn die Beziehungen zwischen dem Vater und Jesus, dem Schöpfer und dem Heiligen Geist, zwischen dem Sohn und dem Geist sind. Wir können zu verstehen versuchen, welche Antworten die Theologie darauf gegeben hat.

Aber letztlich ist die Einheit von Vater, Sohn und Heiligem Geist für uns ein Geheimnis, vor dem wir nur staunend und anbetend stehen können.
So soll diese Bibelarbeit zur Trinität auf die biblischen Wurzeln der Trinitätslehre hinweisen, sie in ihren Grundzügen aufnehmen – und dann in Lob und Anbetung einmünden.
Dabei kann eine *Bibel*arbeit das «Daß» der Trinität beschreiben. Die Trinitäts*lehre* beschreibt die Frage nach dem «Wie«, zum Beispiel das Verhältnis der Personen Gottes zueinander. Dies wirft oft Probleme auf, die den biblischen Texten in dieser Weise fremd sind.

• *Vorbereitung*

Die Mitte wird schlicht mit Kerze und Bibel gestaltet, so daß später die Pyramide noch hineingestellt werden kann. Für die Bibelarbeit werden benötigt:
- die Bibeltexte in einer neuen, leicht verständlichen Übersetzung (z.B. Gute Nachricht Bibel, 1997)
- Gesangbücher
- Buntstifte und eventuell Fingerfarben
- Zeitschriften, Scheren, Klebstoff.

Für die Pyramide:
- ein Dreieck aus Styropor, Seitenlänge je 50 cm, Stärke ca. 40 mm – als Grundfläche
- drei dreieckige Plakatkartons für die Seiten, je ca. 45 cm lange untere Kante, ca. 80 cm seitliche Länge
- sechs Leisten (oder Rundhölzer) je 1 m
- Verpackungsband

Auf die dreieckigen Plakatkartons werden seitlich jeweils zwei Leisten mit Verpackungsband aufgeklebt. Die Leisten werden später in die Styroporgrundfläche gesteckt und die so entstandene Pyramide oben mit Verpackungsband zusammengeklebt.

- *1. Phase: Zu wem bete ich?*

Die Fragen der Trinitätslehre scheinen oft nur das Glasperlenspiel systematischer Theologen zu sein. In Wirklichkeit haben sie ihren «Sitz im Glaubensleben» eines jeden Christenmenschen – zum Beispiel, wenn es um ihr «Gottesbild» geht, oder beim Gebet. Alle Christen müssen sich nämlich entscheiden, an wen sie ihre Gebete richten. Viele tun dies unbewußt, andere bewußt – und viele erleben auch, wie sich dies im Laufe des Lebens verändert:

– «Ich bete ‹lieber Vater im Himmel› – aber ich habe noch nie darüber nachgedacht, warum.»
– «Ich bete immer zu Jesus – er ist doch unser Bruder!»
– «Als Kind habe ich gebetet, wie meine Mutter es mir beigebracht hat: ‹Vater im Himmel›. Als Jugendliche habe ich mit Jesus gesprochen. Dann kam eine sehr distanzierte Zeit, da habe ich, wenn überhaupt, zu ‹Gott› gebetet. Seit einiger Zeit ist mir der Geist, lieber sage ich: ‹die ruach› wichtig geworden, und ich bete darum, daß sie mich erfüllt.»

Die drei Personen der Trinität sind uns Menschen verschieden nah. Wir fühlen uns von den drei Erscheinungsweisen Gottes unterschiedlich berührt und verstanden. Je nach Lebenslage, je nachdem, welche Sorgen, Ängste, Hoffnungen uns beschäftigen, wenden wir uns an den fürsorgenden Schöpfer, den befreienden Bruder oder den inspirierenden Begleiter (oder Begleiterin).

Solche eigene Lebenserfahrung hilft, der Trinitätslehre zu begegnen: «Gott» erscheint vielfältig, und doch ist «Er» ein- und derselbe. Denn hinter allen drei Erscheinungsweisen steht er mit der Zusage, die er in seinem Namen gegeben hat: «Ich bin für euch da» (2. Mose 3,14).

Die Bibelarbeit beginnt deshalb mit der Impulsfrage:

An wen richten Sie Ihre Gebete? Sprechen Sie «lieber Vater«, oder «Herr«, oder «Jesus» oder «Geist Gottes» – oder anders? Vielleicht hat sich dies auch im Laufe Ihres Lebens verändert?

Die TN bedenken das erst eine Zeitlang für sich, dann tauschen sie sich in Kleingruppen darüber aus.

- *2. Phase: Von der Bibel zur Trinitätslehre*

Die Bibel spricht vom Vater und Schöpfer, von Jesus, dem Sohn und Herrn, vom Geist, dem Tröster und Begaber. Sie spricht auch von ihren Beziehungen untereinander. Allerdings doziert die Bibel nicht oder philosophiert «dogmatisch-eindeutig», sondern sie spricht konkret und immer situationsbezogen! So ist sie mal erzählend, mal lehrend, mal lobend, mal tröstend . . .

Die Theologen der Alten Kirche wollten in der Trinitätslehre die vielfältigen und vielgestaltigen Aussagen der Bibel zu einem «Ganzen» zusammenfassen – zur Ehre Gottes sollte aus Mosaiksteinchen ein vollständiges Bild werden. Dieser Weg von der Bibel zur Trinitätslehre wird in der Bibelarbeit elementarisiert und vereinfacht nachgezeichnet.

Dazu teilen sich die TN zunächst in drei Gruppen auf. Jede Gruppe beschäftigt sich mit einer der drei Personen der Trinität und erhält dazu drei Bibeltexte.

Die erste Aufgabe: Die Gruppe soll zu jedem ihrer drei Bibeltexte zwei Fragen beantworten – aber jeweils nur mit einem Satz! (Die Konzentration auf einen Satz ist wichtig, damit die Textarbeit zielgerichtet bleibt und nicht in Einzelaspekte zerfranst):

- Was wird über «unsere» Person der Trinität gesagt?
- Was wird zu den anderen beiden Personen der Trinität gesagt?

Die zweite Aufgabe: Jede Gruppe erhält ein dreieckiges Plakat (vgl. Vorbereitung). Darauf schreibt sie ihre Antworten. Wenn genügend Zeit zur Verfügung steht, lohnt es sich sehr, auch kreativ zu arbeiten und das Blatt als Collage mit Zeitungsbildern, abstrakt mit Fingerfarben oder durch Symbole zu gestalten.

Die erste Gruppe beschäftigt sich mit drei Bibelstellen, die das Wesen und Wirken des Vaters und Schöpfers beschreiben:

- 2. Mose 3,13+14
- Psalm 104
- Eph 1,3

Die zweite Gruppe liest drei Bibelabschnitte zu Jesus Christus:
- Mk 1,34-39
- Phil 2,5-11
- Gal 3,3-5

Die dritte Gruppe liest drei Bibelworte zum Heiligen Geist:
- Joh 14,16
- 1. Mose 1,1+2
- 1. Kor 12,1.4-10

Danach stellen die drei Gruppen im Plenum einander ihre Plakate vor. Sie lesen, was sie als Antworten gefunden haben, und erklären Collagen, Symbole und Bilder.

L weist darauf hin, daß in der Trinitätslehre diese verschiedenen Aspekte Gottes zusammengedacht werden. Es sind nicht drei verschiedene «Götter», die da wirken, sondern der eine Gott wirkt vielfältig. Durch die drei Erscheinungsweisen zeigt sich ein und derselbe Gott seinen Menschen unterschiedlich zugewandt.

Das kann veranschaulicht werden, indem man die drei Einzelplakate nun miteinander verbindet: die drei Teile werden in eine dreieckige Styroporplatte gesteckt, so daß sie eine Pyramide bilden. (Die Plakate werden mit Leisten oder Rundhölzern stabilisiert und an der oberen Spitze mit Verpackungsband verklebt.)

Die TN gehen nun um die Pyramide herum: Dabei können sie jeweils nur eine Seite, höchstens zwei Seiten gleichzeitig wahrnehmen. Das macht deutlich, wie eingeschränkt unsere menschliche Erkenntnis ist. Wir können Gottes Dreieinigkeit nicht ganz erfassen. Dies wäre nur aus göttlichem Blickwinkel, quasi «vom Himmel aus» möglich.

Um das zu erkennen, steigen die TN auf ihre Stühle (oder: die Pyramide wird auf den Boden gestellt), so daß die TN «von oben» darauf schauen können: Nun können sie alle drei Seiten sehen und das Wunder der Trinität «überblicken».

● *3. Phase: Staunen und anbeten*
«Die Geheimnisse der Gottheit sollen wir richtiger angebetet als erforscht haben», so Philipp Melanchthon in seinen Loci Communes von 1521. Und so soll auch die Bibelarbeit in den Lobpreis des dreieinigen Gottes münden.
Jede/r TN erhält einen Zettel, auf dem der Halbsatz *«Guter Gott, ich lobe dich, weil . . .»* steht. Alle ergänzen ihn für sich durch ein Lob des dreieinigen Gottes bzw. durch das Lob einer der drei Personen.
Mit dem Lied «Gelobet sei der Herr» (EG 139) wird eine Loblitanei gestaltet: Zwischen den einzelnen Versen beten die TN ihr Lobgebet, das von den Liedstrophen aufgenommen und weitergeführt wird.
Die TN können sich persönlich weiter mit dem Thema beschäftigen. Anregungen dazu sind:
- *Versuchen Sie, in Ihrem Gebetsleben «Defizite» auszugleichen: Wer z.B. immer nur zu Jesus betet, bete bewußt eine Zeitlang zum Heiligen Geist. Ändert sich dadurch etwas?*
- *Richten Sie Ihre Gebete entsprechend dem Kirchenjahr an die verschiedenen trinitarischen Personen: In der Weihnachtszeit an Jesus, den Sohn; in der Osterzeit an den Vater und (Neu-)Schöpfer; während der Pfingstwochen an den Heiligen Geist.*
- *Achten Sie künftig, wenn Sie die Bibel lesen, darauf, welche Person der Trinität Ihnen in dem jeweiligen Abschnitt begegnet.*

11. «Feindliche Übernahme» (Tagesschau und Bibel)
Auf dem Weg von der politischen Nachricht zum biblischen Besinnen

Uns gelingt noch am leichtesten, die persönlichen Fragen mit der Bibel zu verbinden. Aber nur selten finden wir einen eigenen Weg, die politischen Nachrichten des Tages und die aktu-

ellen Themen der Zeit mit unserer Bibellektüre und dem Gespräch darüber zu verknüpfen.
In unserem Hauskreis haben wir den Versuch unternommen, nicht den gewohnten Weg einer Bibelarbeit «vom Text zum Leben» zu gehen, ja nicht einmal einen biblischen Abschnitt zum Ausgangspunkt unseres Austauschs zu machen. Statt dessen sehen wir miteinander die Tagesschau und bemühen uns dann, die «Nachricht des Tages», die Bibel und uns selbst miteinander ins Gespräch kommen zu lassen. Der so beschrittene Weg «vom Leben zum Text» hat uns überraschende Perspektiven eröffnet. Unser Gebet hat an Konkretheit gewonnen. Unser Umgang mit Geld und Waren ist kritischer, unsere gemeinsame Beobachtung der politischen Landschaft wacher geworden. Und: Wir haben es damit gewagt, auch in der Kirche über Politik zu reden. Für etliche ist das nach wie vor ein erhebliches Risiko.
Die Schritte eines solchen Abends sind:

1. Ansehen der Tagesschau
2. Auswählen einer Nachricht
3. Informationsaustausch zur Nachricht
4. Bezugnahme auf je einen biblischen Text
5. Austausch
6. Gespräch
7. Gebet

Wir stellen den Ablauf des Hauskreisabends vom 18. März 1997 dar. Der Abend beginnt wie gewohnt um 19.30 Uhr mit Singen, einem knappen Austausch über die vergangene Woche und einer kurzen Gebetsstille. Dann werden die «Spielregeln», der Ablauf des Abends, in Erinnerung gerufen, da die Durchführung einige Konzentration und Disziplin erfordert.

1. Wir nehmen Papier und Bleistift in die Hand und notieren beim Betrachten der Tagesschau die vorgestellten Nachrichten (an diesem Abend sind es 14, einschließlich Tief «Pia» in der Wettervorhersage).

2. Wir halten kurz inne und stimmen dann über «unsere Nachricht des Tages» ab. Das muß nicht unbedingt die Hauptnachricht der Tagesschau sein.
Am 18.3. werden wir nicht über den Bau neuer jüdischer Siedlungen in Ostjerusalem reden, auch nicht über die Übergriffe einiger Bundeswehrsoldaten gegen Türken in Detmold oder über verbilligte Kredite der Bundesregierung zur Konjunkturbelebung. Wir entscheiden uns (wie die meisten Zeitungen des nächsten Tages) für den Versuch des Stahlkonzerns Krupp-Hoesch, den Konkurrenten Thyssen zu «schlucken».
3. Zunächst versuchen wir zusammenzutragen, was der Inhalt der Nachricht war, was wir noch über dies Thema wissen, welche Einzelheiten uns besonders berührt haben. Dazu gehört die erstaunliche Uninformiertheit der Politiker, die dubiose Rolle der Banken, der Protest und die Angst der Arbeiter und der «kleinen» Manager, die fürchten, wegrationalisiert zu werden. Wir erklären einander die «Mechanik» einer «feindlichen Übernahme». Einer erinnert daran, daß auf diesem Weg erst vor wenigen Jahren der Krupp-Hoesch-Konzern entstand.
4. Nun folgt eine Zeit, in der wir einzeln unsere Bibeln aufschlagen, erinnern, blättern, suchen, welcher biblische Text mir etwas zu dieser Nachricht zu sagen hat (einige Konkordanzen stehen zur Verfügung). Ziel ist es nicht, alle möglichen biblischen Bezüge womöglich «umfassend» aufzusuchen, sondern ich versuche, relativ bald meinen eigenen «Haftpunkt» in der biblischen Überlieferung zu finden, der für mich einen relevanten Bezug zur Nachricht des Tages enthält.
An «meiner» Bibelstelle verharre ich dann einige Zeit und versuche, Text und Nachricht möglichst eng aufeinander zu beziehen – mit aller Freiheit zur Subjektivität. Die Frage ist:
Wie lese ich diesen Abschnitt in Bezug auf diese Nachricht? Was sagt er mir dazu?
(Die «objektiveren» Formen der Schriftauslegung haben an anderen Abenden ihren Raum.) Erfahrungsgemäß führt das sub-

jektive Lesen zwar zu einer partiellen Aufnahme der Textaussagen, aber nur ganz selten zu Willkür oder gar Verfälschung.

5. In einer Austauschrunde stellen wir einander die bedachten Texte und unsere Gedanken dazu vor.

Zunächst hören wir nur aufeinander und bemühen uns, die Assoziationen und Einsichten der anderen wahrzunehmen. Es entsteht ein vielfältiges und doch oft überraschend «stimmiges» Mosaik von biblischen Bezügen und gedanklichen Aspekten, die wie viele kleine Kerzenflammen erstaunlich erhellend sind.

An diesem Märzabend leuchteten unter anderem auf:

- die Verbundenheit mit den betroffenen Arbeitern, aber auch mit dem Ministerpräsidenten von NRW, unserem Christenbruder Johannes Rau, im Bild von Leib und Gliedern (1.Kor 12,26);
- die biblische Tradition der Gerechtigkeit: «Die Gerechten werden das Land besitzen» (Jes 60,21);
- die Geschichte von der Versuchung Jesu (Mt 4) und unsere Versuchlichkeit, z.B. als Aktien- oder Sparbuchbesitzer Kursgewinne um jeden Preis zu wollen;
- die Warnung Jesu vor dem Reichtum (Lk 12,15);
- Unrecht und Unterdrückung als Grund zu Anklage und Klage. Wo wird sichtbar, daß Gott «Richter ist auf Erden»? (vgl. Psalm 58);
- wirtschaftliche Gewalt und die von ihr ermöglichte «Vergewaltigung» der Ohnmächtigen; so ist der «Lauf der Welt», aber in der Gemeinde soll es so nicht sein (Mk 10); die Passionszeit erinnert uns daran, wie auch Jesus ausgeliefert war; er starb ohnmächtig.

6. Da wir uns mit unseren Voten um Konzentration bemüht haben, bleibt noch genügend Zeit, den einen oder anderen Gedanken im Gespräch zu vertiefen.

7. Und wir haben viel Anlaß, die besprochene Situation, die beteiligten Menschen und uns selbst, die wir ja nicht nur stille Beobachter oder gar Richter sind, im Gebet vor Gott zu brin-

gen. Es ist Raum für Wut und Klage, aber auch für Bitte und Fürbitte.
Als der Hauskreisabend gegen 21.45 Uhr endet, begleiten uns die Nachricht der Tagesschau, die biblischen Texte, die Gedanken der Schwestern und Brüder und die Gebete auf dem Heimweg.
Wir lesen am nächsten Tag die Zeitung aufmerksamer und verfolgen das Thema in den folgenden Wochen. Die «feindliche Übernahme» wird durch einen Verhandlungskompromiß ersetzt. Mittelfristig werden wohl dennoch (oder gerade so?) Arbeitsplätze «abgebaut» werden. Die «Macher» im Vordergrund und die «Drahtzieher» im Hintergrund werden weiter ihren Geschäften nachgehen.
Und wir? Wir haben mindestens eins getan: hingesehen statt wegzusehen. Wir haben ein wenig gelernt, Beziehungen zu erkennen zwischen dem Leben und dem Bibelbuch, auf seine Stimme und die Stimmen der anderen zu hören. Dann haben wir noch das Gehörte und Bedachte unserem Gott hinhalten können. Ist das nicht schon eine gute Nachricht?

Anhang

Literatur

Wir nennen neben der benutzten Literatur Bücher zur weiterführenden Lektüre zu den jeweiligen Themen sowie Veröffentlichungen zur Praxis der Bibelarbeit. Die mit einem Stern (*) gekennzeichneten Bücher enthalten weitere Literaturhinweise; die mit einem Kreuz (+) gekennzeichneten Bücher enthalten praktische Vorschläge zur lebensbezogenen Bibelarbeit, u.a. nach dem Drei-Phasen-Modell.

Hanna Ahrens: Frauen in Papua-Neuguinea lesen die Bibel, in: Evangelische Mission, Jahrbuch 1985, Hamburg 1985, S. 27-38

Arbeitsgemeinschaft Missionarische Dienste: Texte zur Bibel. Auslegungen und Gestaltungsvorschläge zur Bibelwoche, bisher erschienen Heft 1-15, Stuttgart, seit 1984 +

Arnholdshainer Konferenz: Das Buch Gottes. Elf Zugänge zur Bibel. Ein Votum des Theologischen Ausschusses, Neukirchen-Vluyn 1992 *

Ingo Baldermann: Die Bibel – Buch des Lernens. Grundzüge biblischer Didaktik, Göttingen 1980

ders.: Wer hört mein Weinen? Kinder entdecken sich selbst in den Psalmen, Neukirchen-Vluyn, 2. Aufl. 1989

ders.: Ich werde nicht sterben sondern leben. Psalmen als Gebrauchstexte, Neukirchen-Vluyn 1990

Hermann Barth / Tim Schramm: Selbsterfahrung mit der Bibel. Ein Schlüssel zum Lesen und Verstehen, München 1977 *

Wilfried vom Baur: Ökumenisches Bibellesen, in: Reformierte Kirchenzeitung 6/92, hg. im Auftrag des Reformierten Bundes, Neukirchen-Vluyn 1992, S. 162f

Ulrich Beck: Risikogesellschaft. Auf dem Weg in eine andere Moderne, Frankfurt 1986 *

Horst Klaus Berg: Ein Wort wie Feuer. Wege lebendiger Bibelauslegung, Kösel/Calwer, München/Stuttgart 1991 *

ders.: Grundriß der Bibel-Didaktik. Konzepte – Modelle – Methoden, München 1993 *

Sigrid Berg: Kreative Bibelarbeit in Gruppen, München/ Stuttgart 1991 +

Peter L. Berger: Der Zwang zur Häresie. Religion in der pluralistischen Gesellschaft, Frankfurt a.M. 1980
Peter Biehl: Symbole geben zu lernen. Einführung in die Symboldidaktik anhand der Symbole Hand, Haus und Weg, Neukirchen-Vluyn 1989
ders.: Symbole geben zu lernen II. Zum Beispiel: Brot, Wasser und Kreuz, Beiträge zur Symbol- und Sakramentendidaktik, Neukirchen-Vluyn 1993
Dietrich Bonhoeffer, Widerstand und Ergebung (KT 100), Gütersloh, 16. Aufl. 1997
Heinrich Bornkamm (Hg.): Luthers Vorreden zur Bibel, Göttingen 1989
Karl-Fritz Daiber/Ingrid Lukatis: Bibelfrömmigkeit als Gestalt gelebter Religion, Bielefeld 1991
Albert Damblon: Himmel aus erster Hand – Was man mit der Bibel machen kann, in: Themenhefte Gemeindearbeit 2/1992
Deutsche Bibelgesellschaft und Katholisches Bibelwerk (Hg.): Ökumenische Bibelwochenhefte, Gestaltungsvorschläge zur Bibelwoche, Stuttgart, seit 1964 +
Deutsches Weltgebetstagskomitee (Hg.): Arbeitsmaterial zum Weltgebetstag, Postfach 1240, 90544 Stein +
Detlev Dornmeyer: Einführung in die Interaktionale Bibelarbeit, München/Göttingen 1978
Wolfgang Drechsel: Pastoral-psychologische Bibelarbeit. Ein Verstehens- und Praxismodell gegenwärtiger Bibel-Erfahrung, Stuttgart/Berlin/Köln 1994 *
Eugen Drewermann: Tiefenpsychologie und Exegese. Band 1: Die Wahrheit der Formen. Band 2: Die Wahrheit der Werke und Worte, Olten / Freiburg i.Br., 2. Aufl. 1991 *
Willi Erl: Gruppenpädagogik in der Praxis. Einführende Berichte, Tübingen 1967
ders./Fritz Gaiser: Neue Methoden der Bibelarbeit, Tübingen 1977
Evangelische Frauenhilfe in Deutschland (Hg.): Arbeitshilfe zum Weitergeben, 4 Hefte pro Jahr, Zeppenheimer Weg 5, 40489 Düsseldorf +
Evangelische Haupt-Bibelgesellschaft zu Berlin und Altenburg (Hg.): Bibelstudien. Leben erfahren in Gruppen, Berlin/Altenburg 1990
Evangelische Kirche in Deutschland: Fellbach 1981. Berichte über die Tagungen der Synode der EKD 34, Hannover 1982
Ulrich Fick: Die Bibel in der Welt von morgen, in: Das missionarische Wort 6/91, Neukirchen-Vluyn 1991

ders.: Viele Völker – ein Buch, in: Ev. Gemeindeblatt für Württemberg, Heft 26/1992
Ursula Früchtel: Mit der Bibel Symbole entdecken, Göttingen 1991
Wilhelm Gössmann: Welch ein Buch! Die Bibel als Weltliteratur, Stuttgart 1991
Horst Goldstein: Selig ihr Armen – Theologie der Befreiung in Lateinamerika . . . und in Europa?, Darmstadt 1989
Josef Griesbeck: Anfang gut, alles gut. Einstimmungsimpulse für die Gruppenarbeit, München 1994
Anselm Grün: Tiefenpsychologische Schriftauslegung, Münsterschwarzach 1992
Friedhardt Gutsche (Hg.): Schneisen durch die Bibel, Wuppertal 1980
ders./Reinhard Schinzer: Biblische Texte erschließen lernen – Arbeitsblätter mit Erläuterungen, in: Kasseler Hefte F 28
Friedrich Hahn: Bibel und moderne Literatur, Große Lebensfragen in Textvergleichen, Stuttgart 1966
Volkmar Hahn/Fritz Rohrer: Die ANDERE Bibelarbeit, Materialheft Nr. 66 der Beratungsstelle für Gestaltung von Gottesdiensten und anderen Gemeindeveranstaltungen, Frankfurt 1992 +
Hubertus Halbfas: Der Sprung in den Brunnen. Eine Gebetsschule, Düsseldorf 9. Auflage 1989
Matthias Haudel: Die Bibel und die Einheit der Kirchen. Eine Untersuchung der Studien von «Glauben und Kirchenverfassung», Göttingen, 1993 *
Anneliese Hecht: Zugänge zur Bibel – Methoden für Gruppen. Schnupperkurs, Stuttgart 1993 +
Bruno Heller: Krise des Denkens, Mainz/Stuttgart 1990
Jürgen Henkys: Bibelarbeit. Der Umgang mit der Heiligen Schrift in den evangelischen Jugendverbänden nach dem Ersten Weltkrieg, Hamburg 1966 *
Michael Herbst: Missionarischer Gemeindeaufbau in der Volkskirche, Stuttgart 1987
ders.: Missionarischer Gemeindeaufbau in der Praxis, in: Das missionarische Wort 6/90, S. 216-221
Klaus-Peter Hertzsch: Chancen der Bibel in der säkularen Gesellschaft, in: Siegfried Meurer (Hg.): Mittelpunkt Bibel. Die Bibel in der Welt Band 20, Stuttgart 1983, S. 278-292
ders.: Leben mit der Bibel, in: Texte aus der VELKD 45/1991, Hannover 1991
Walter J. Hollenweger: Konflikt in Korinth. Memoiren eines alten

Mannes. Zwei narrative Exegesen zu 1 Kor 12-14 und Ez 37, München 1978
Karin Johne: Geistlicher Übungsweg für den Alltag. Ein Kursangebot, Berlin, 2. Auflage 1989
dies.: Wege zum Wesentlichen. Grundkurs Meditation, Freiburg i.Br. 1992
Katholisches Bibelwerk (Hg.): Praktische Bibelarbeit heute, Stuttgart 1973
dass.: Grundkurs Bibel – Neues Testament, Stuttgart 1989 +
dass.: Grundkurs Bibel – Altes Testament, Stuttgart 1993 +
dass.: Bibel im Jahr. Matthäus entdecken (1995); Markus entdecken (1996); Lukas entdecken (1997); Johannes entdecken (1998); Stuttgart, 1995-1998 +
dass.: FrauenBibelArbeit, Stuttgart/Düsseldorf, seit 1998 +
dass. und Deutsche Bibelgesellschaft (Hrsg.): Bibel vor Ort – Ökumenisches Werkbuch zur Bibelarbeit, Stuttgart 1991 +
Franz-Xaver Kaufmann: Religion und Modernität, Tübingen 1989
Antje Kiehn u.a.: Bibliodrama, Stuttgart 1987 *
Helmut Kirschstein: Bibelarbeit. Zentrum der Gemeinde – Aktuelle Chancen, Hannover 1991
Mieke Korenhof-Scharffenorth (Hg.): Aus dem Brunnen schöpfen. Geschichten aus der Hebräischen Bibel und dem Neuen Testament von Frauen erzählt und ausgelegt, Neukirchen-Vluyn 1986
Burghard Krause: Auszug aus dem Schneckenhaus. Praxis-Impulse für einen verheißungsorientierten Gemeindeaufbau, Neukirchen-Vluyn 1996
ders.: Verheißungsorientierter Gemeindeaufbau, in: Das missionarische Wort 6/90, S. 207-212
Guido Kreppold: Die Bibel als Heilungsbuch, Münsterschwarzach 1985
Ellen Kubitza: Bibliodrama. Erfahrungsbericht über ein Wochenende mit Markus 14,3-9, in: Das missionarische Wort 6/91, S. 231-236
Karl-Josef Kuschel: Weil wir uns auf dieser Erde nicht ganz zu Hause fühlen. 12 Schriftsteller über Religion und Literatur, München 3. Auflage 1986
Wolfgang Langer (Hg.): Handbuch der Bibelarbeit, München 1987 *
Ulrich Lenz (Hg.): Zankapfel Bibel. Eine Bibel – viele Zugänge, Zürich 1992
Jonathan Magonet: Wie ein Rabbiner seine Bibel liest, Gütersloh 1994

John S. Mbiti: Bibel und Theologie im afrikanischen Christentum, Göttingen, 1986
Carlos Mesters: Befreit – gebunden. Die 10 Gebote. Das Bundesbuch, Erlangen 1989
ders.: Vom Leben zur Bibel, von der Bibel zum Leben, 2 Bände, Mainz/München 1983
Siegfried Meurer (Hg.): Erneuerung aus der Bibel, Stuttgart 1982
ders. (Hg.): Die vergessenen Schwestern. Frauengerechte Sprache in der Bibelübersetzung, Stuttgart 1993
missio (Hg.): Bibel Teilen. Bekannte Texte neu erleben, Aachen 1998 +
Christian Möller: Gottes Dienst im Gemeindeaufbau, in: Das missionarische Wort 6/90, S. 212-216
Jörg Müller: Wege zum geistlichen Leben, Stuttgart 1987
Paul-Gerhard Müller: Einführung in Praktische Bibelarbeit, Stuttgart 1990
Päpstliche Bibelkommission: Die Interpretation der Bibel in der Kirche – Verlautbarungen des Apostolischen Stuhles 115, Bonn 1994
Ludwig Rendle u.a.: Ganzheitliche Methoden im Religionsunterricht – Ein Praxisbuch, München 1996
Richard Rohr: Das auferstandene Buch. Die Lebenskraft des Neuen Testamentes, Freiburg/Basel/Wien, 2. Aufl. 1991
Fritz Rohrer (Hg.): Bibeltheater, Hamburg 1990
Manfred Rompf: Aus der Stille leben – Einübung in die christliche Meditation und Kontemplation, Studienbrief S 29 der Arbeitsgemeinschaft Missionarische Dienste, Stuttgart 1994
Jan Olaf Rüttgardt (Hg.): Schweige und höre. Erfahrungen aus Meditation und geistlicher Betrachtung, Hannover 1994
Rolf Schäfer: Die Bibelauslegung in der Geschichte der Kirche, Gütersloh 1980
ders.: Die Bibel in der Theorie der Gemeindeaufbau-Programme, in: Das missionarische Wort 6/91, S. 211-217
Wolfgang Schenk: Bibelarbeit und Bibelwoche. Notwendigkeit und Möglichkeit exegetischen Gottesdienstes, Berlin 1971 *
Reinhard Schinzer: Die Bibel ins Spiel bringen. Anregungen für den Umgang mit der Bibel in Gruppen, Göttingen 1983
ders.: Im Spiel die Bibel verstehen. Anregungen für den Umgang mit der Bibel in Gruppen, Göttingen 1986
Klaus Schnabel (Hg.): Mitmachen, nachdenken, weitermachen. Eine Arbeitshilfe für Jugendgruppenleiter, Konstanz 1983 +

ders.: (Hg.): Bibel er-leben. Themen und Modelle für Jugendgruppen, Konstanz 1984 +
Elisabeth Schneider-Böklen / Dorothea Vorländer: Feminismus und Glaube, Mainz/Stuttgart 1991
Luise Schottroff: Lydias ungeduldige Schwestern. Feministische Sozialgeschichte des frühen Christentums, Gütersloh 1994
dies./Silvia Schroer / Marie-Theres Wacker: Feministische Exegese, Darmstadt 1995 *
Gerhard Schulze: Die Erlebnisgesellschaft. Kultursoziologie der Gegenwart, Frankfurt 1992 *
Schweizerisches katholisches Bibelwerk (Hg.): Damit sie Leben haben. Bibelarbeit in der Gottesdienstvorbereitung. Zürich, Teil A 1991, Teil B 1993 +
Thomas Söding: Mehr als ein Buch. Die Bibel begreifen, Freiburg i.Br./Basel/Wien 1995 *
Anton Steiner/Volker Weymann/ökumenischer Arbeitskreis für Bibelarbeit: Bibelarbeit in der Gemeinde, Band 1-9, Basel/Zürich/Köln, seit 1977 +
Peter Stuhlmacher: Wie treibt man biblische Theologie? Neukirchen-Vluyn 1995
ders.: Aus Glauben zum Glauben – zur geistlichen Schriftauslegung, ZThK Beiheft 9, Theologie als gegenwärtige Schriftauslegung, Tübingen 1995
ders.: Schriftauslegung auf dem Wege zur biblischen Theologie, Göttingen 1975
Wolf-Dietrich Talkenberger (Hg.): Kleines Methodenlexikon zur Bibelarbeit, Berlin 1984 +
Gerd Theißen: Der Schatten des Galiläers. Historische Jesusforschung in erzählender Form, München 1987
Hans Joachim Türk: Postmoderne, Mainz/Stuttgart 1990
Theophil Vogt: Bibelarbeit. Grundlegung und Praxismodelle einer biblisch orientierten Erwachsenenbildung, Stuttgart 1985 *
Marty Voser-Käppeli / Markus Friedli-Saner: Die Bibel in der Erwachsenenbildung. Eine Darstellung erlebnisorientierter Bibelarbeit, in: Aspekte der Erwachsenenbildung, Bd. 5, Luzern 1979
Hans-Ruedi Weber: Ein Wort wie Feuer. Wie Christen in der Welt die Bibel lesen, in: Evangelisches Missionswerk der EKD (Hg.): Weltmission '85 (Rogate-Material), Hamburg 1985, S. 1-5 *
ders.: Bibelstudien. Erfahrungen mit der Bibel in vier Kontinenten, Berlin/Altenburg 1988 +

Walter Wink: Bibelarbeit. Ein Praxisbuch für Theologen und Laien, Stuttgart 1982 *
ders.: Bibelauslegung als Interaktion. Über die Grenzen historisch-kritischer Methoden, Stuttgart/Berlin/Köln/Mainz 1976 (engl. 1973)
Hans Walter Wolff: Anthropologie des Alten Testamentes, München 1973
Jörg Zink: Das biblische Gespräch. Eine Anleitung zum Auslegen biblischer Texte, Gelnhausen/Berlin/Freiburg i.Br. 1978

Abbildungen

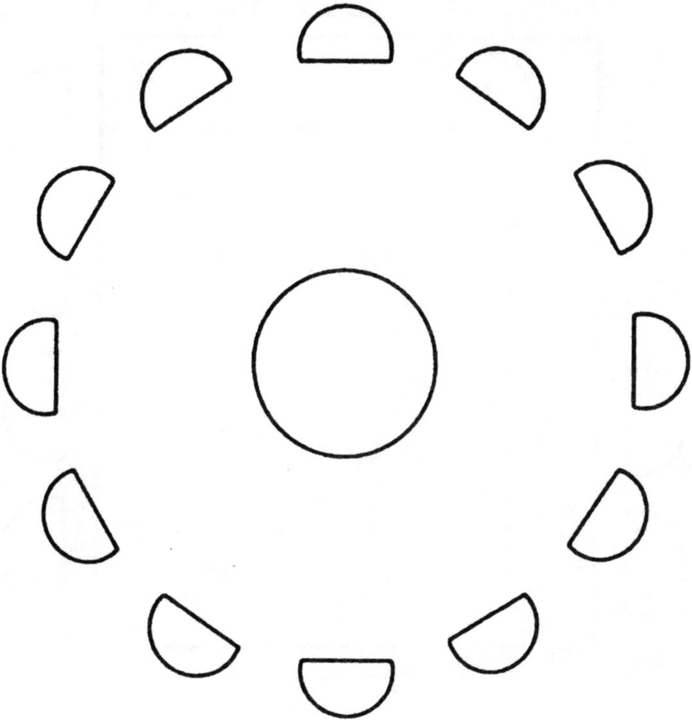

Abb. 1: Stuhlkreis

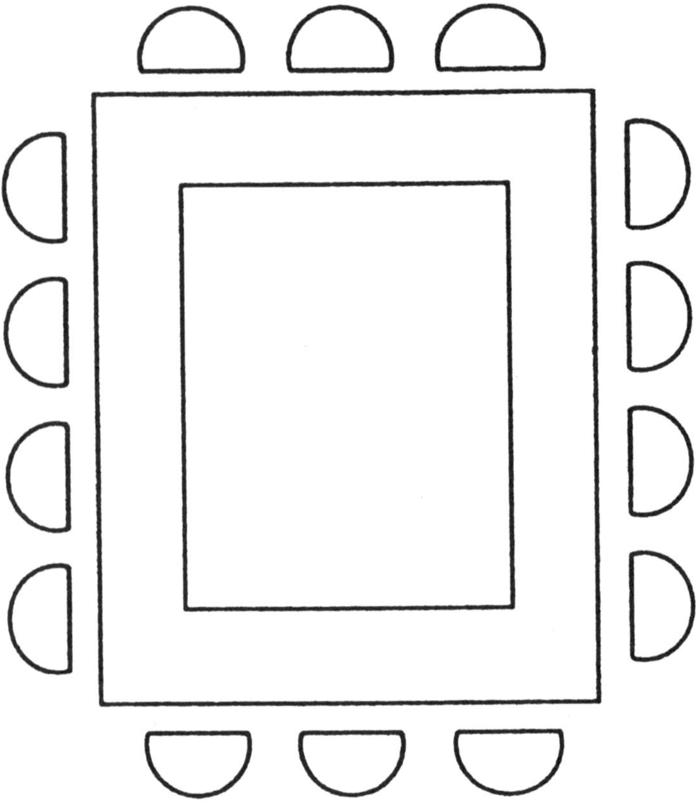

Abb. 2: Tischkreis

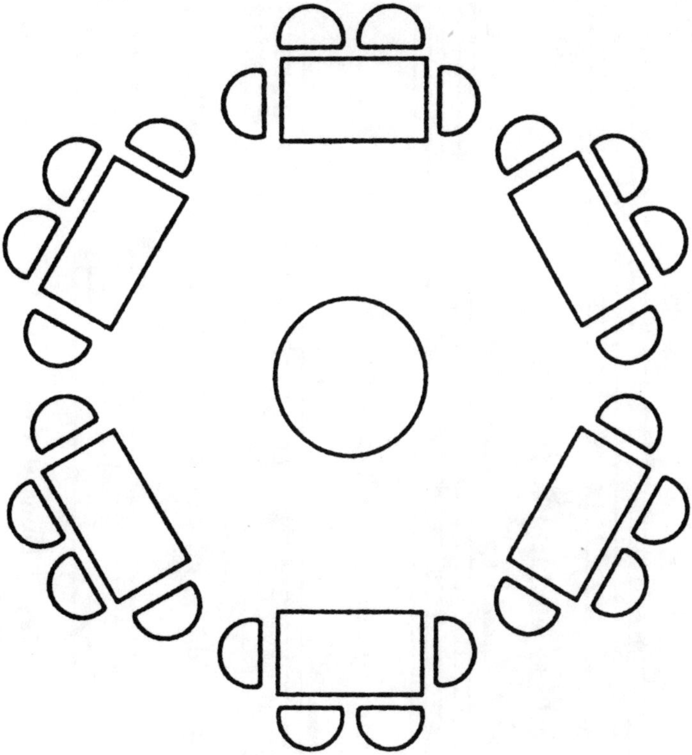

Abb. 3: Offener Tischkreis

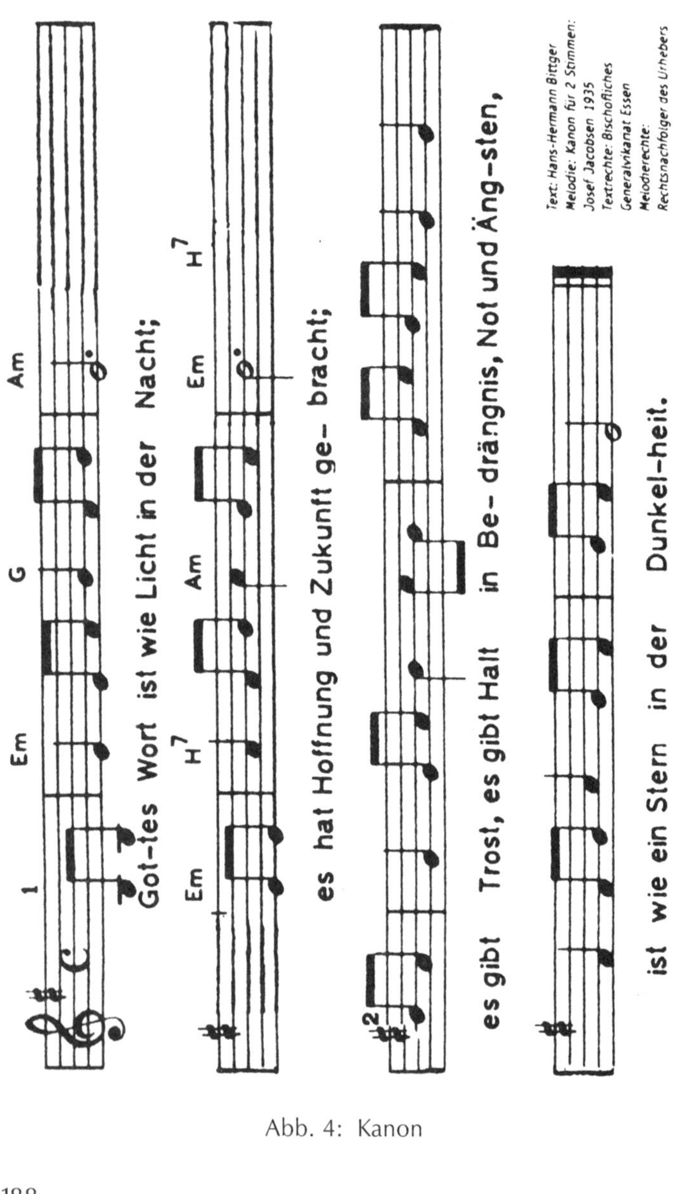
1
Em G Am
Got-tes Wort ist wie Licht in der Nacht;
Em H7 Am Em H7
es hat Hoffnung und Zukunft ge- bracht;
2
es gibt Trost, es gibt Halt in Be- drängnis, Not und Äng-sten,
ist wie ein Stern in der Dunkel-heit.
Text: Hans-Hermann Bittger
Melodie: Kanon für 2 Stimmen:
Josef Jacobsen 1935
Textrechte: Bischöfliches
Generalvikariat Essen
Melodierechte:
Rechtsnachfolger des Urhebers

Abb. 4: Kanon

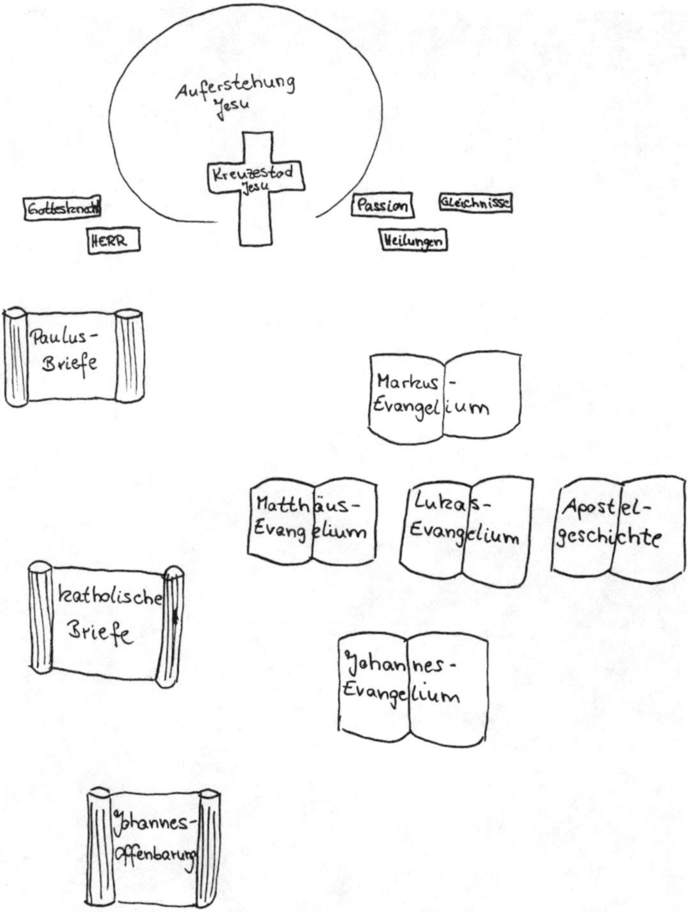

Abb. 5: Entstehung des NT

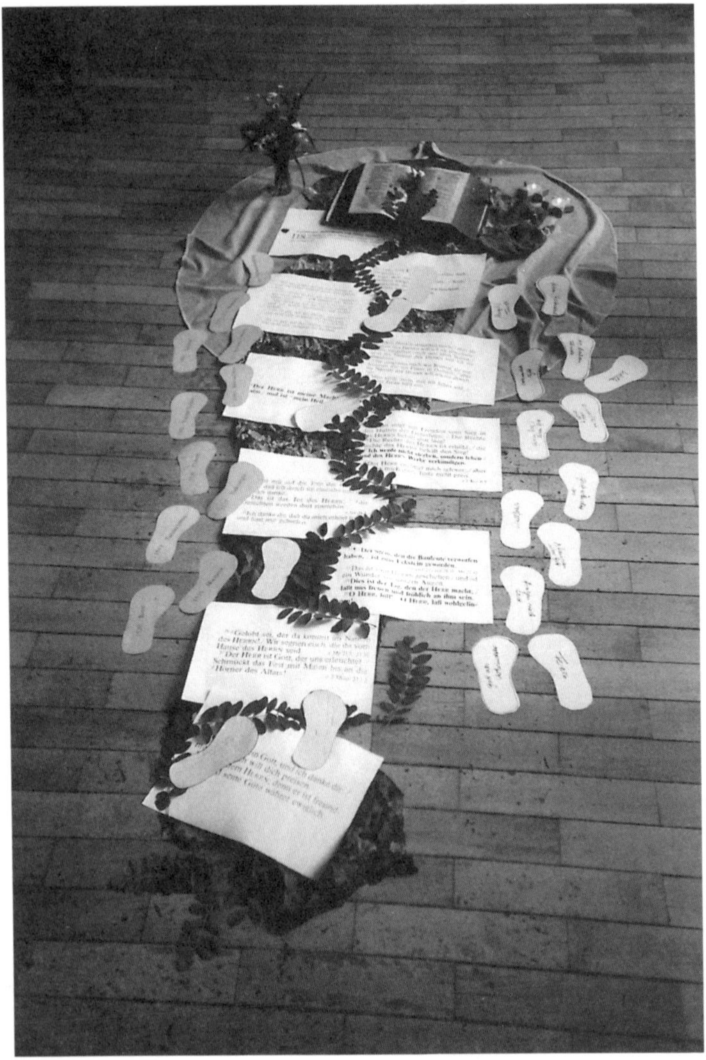

Abb. 6: Fußspuren

Reihe Bausteine Gemeindeaufbau

Aktuelle Themen, Projekte und Erfahrungen des missionarischen Gemeindeaufbaus werden in dieser Reihe vorgestellt.

Bob Hopkins
Gemeinde pflanzen
Church Planting als missionarisches Konzept
80 Seiten – ISBN 3-7615-3561-9

Bob Hopkins/Richard White
Praxisbuch Gemeinde pflanzen
Auf dem Weg zu einem missions- und menschenorientierten Gmeindeaufbau
48 Seiten DIN A 4 – ISBN 3-7615-5052-9

Hans-Hermann Pompe
Der erste Atem der Kirche
Urchristliche Gemeinden – Herausforderung für die Zukunft
176 Seiten – ISBN 3-7615-3560-0

Hans-Hermann Pompe/Hans-Achim Wellnitz/ Rolf Zwick
Wasser und Leben
Taufpraxis im Leben der Gemeinde
112 Seiten – ISBN 3-7615-3551-1

Hans-Hermann Pompe/Hans-Achim Wellnitz/ Rolf Zwick
Wasser und Leben
Taufkurs für Eltern und Paten
40 Seiten DIN A 5 – ISBN 3-7615-4993-8

Hans-Jürgen Dusza
Mit Kindern im Glauben wachsen
Gemeindeaufbau mit jungen Familien
96 Seiten – ISBN 3-7615-3538-4

Ulrich Laepple/Hans-Hermann Pompe (Hg.)
Normalfall Evangelisation
Gemeinde der Zukunft in einer säkularen Gesellschaft
144 Seiten – ISBN 3-7615-3587-2